기초를 탄탄히 다져주는

딩과과 ······

중국어

기초를 탄탄히 다져주는

딩과과

중국어

엄애경 지음

이담 Books

중국어는 어휘가 차지하는 위치에 따라서 그 품사가 바뀌고 결정되므로 문형을 외우는 것이 매우 중요합니다. 따라서 본서에서는 중국어의 이러한 특성에 주의하여 같은 문형의 다양한 표현들을 반복해서 연습도록 하며 또한 쉽고 빠르게 중국어를 숙지하도록 하는 데 역점을 두었습니다.

본서의 특징은 다음과 같습니다.

1. HSK 1급에서 4급까지의 문법을 체계적으로 수록하고 있습니다.

2. 매 과의 특정한 문형을 소개하고 있습니다.

3. 특정한 문형을 반복해서 연습할 수 있고 또 다양하고 심도 있는 회화연습을 할 수 있도록 하였습니다.

4. 부족한 단어를 보충하기 위하여 어휘 플러스를 덧붙이고 있습니다.

5. 연습문제에는 문형복습과 작문에 중점을 두었습니다.

본서를 통하여 중국어의 충실한 기초를 쌓아서 한 걸음 더 나아갈 수 있고 또한 진정한 중국통이 되기를 바랍니다. 끝으로 본서가 출판될 수 있도록 지원하여 주신 출판사 관계자께 진심으로 감사드립니다.

엄애경 씀

일러두기

✱ 본 책은 다음 순서로 구성되어 있습니다. ✱

새 단어

⇓

본문

⇓

본문해석

⇓

문법

⇓

회화연습

⇓

어휘 플러스

⇓

연습문제

목 차

서문 /5
일러두기 /6
기초 쌓기—중국어 한어병음 /11

01 第一课 你好! /23
Dìyīkè Nǐhǎo!
제1과 안녕하세요!

02 第二课 你忙吗? /33
Dìèrkè Nǐ máng ma?
제2과 바쁘세요?

03 第三课 你叫什么名字? /45
Dìsānkè Nǐ jiào shénme míngzi?
제3과 이름이 뭐예요?

04 第四课 他是谁? /57
Dìsìkè Tā shì shuí?
제4과 그는 누구세요?

05 第五课 你是哪国人?   /67

Dìwǔke Nǐ shì nǎguórén?
제5과 어느 나라 사람이에요?

---

06 第六课 你家有几口人?   /79

Dìliùke Nǐ jiā yǒu jǐ kǒu rén?
제6과 당신의 가족은 몇 명입니까?

---

07 第七课 你去哪儿?   /91

Dìqīkè Nǐ qù nǎr?
제7과 어디 가세요?

---

08 第八课 今天几月几号?   /103

Dìbākè Jīntiān jǐ yuè jǐ hào?
제8과 오늘은 몇 월 며칠이에요?

---

09 第九课 现在几点?   /117

Dìjiǔkè Xiànzài jǐ diǎn?
제9과 지금 몇 시예요?

---

10 第十课 你今年多大年纪?   /127

Dìshíkè Nǐ jīnnián duōdàniánjì?
제10과 올해 연세가 어떻게 되십니까?

11 第十一课　这个多少钱? /139

Dìshíyīkè Zhège duōshao qián?

제11과 이것은 얼마입니까?

---

12 第十二课　你的爱好是什么? /153

Dìshíèrkè Nǐ de àihào shì shénme?

제12과　당신의 취미가 무엇입니까?

---

13 第十三课　现在你在做什么呢? /163

Dìshísānkè Xiànzài nǐ zài zuò shénme ne?

제13과 지금 무엇을 하고 있어요?

---

14 第十四课　请问, 去邮局怎么走? /175

Dìshísìkè Qǐngwèn, qù yóujú zěnme zǒu?

제14과 여쭙겠는데요, 우체국 어떻게 갑니까?

---

15 第十五课　你喜欢什么运动? /189

Dìshíwǔkè Nǐ xǐhuān shénme yùndòng?

제15과 무슨 운동을 좋아하세요?

정 답　/200

기초쌓기 ― 중국어 한어병음(汉语拼音)

　　중국어에는 각 글자마다 고유한 음이 있는데 이것을 음절이라고 한다. 중국어의 음절은 일반적으로 크게 세 부분으로 나누고 있다. 즉 성모와 운모, 성조로 구성되며, 이 성모와 운모, 성조를 통틀어 한어병음이라고 한다. 한어는 중국의 한족과 소수민족 중 '한족이 사용하는 언어'라는 뜻이다.

한어병음 ＝ (성모) ＋ 운모 ＋ 성조

성모　　　　　성조

↓　　　　　　↓

学　x u é

↑

운모

1) 성모(声母)

　　현대 중국어의 성모는 음절의 시작인 자음으로 모두 21개가 있다.(y, w는 성모는 아니나 편의상 사용하는 것으로 이를 포함해서 23개라고도 한다.)

✚ 성모표(声母表)

명칭 발음부위	성 모			
쌍순음	b	p	m	o
순치음	f			o
설첨중음	d	t	n l	e
설면후음 (설근음)	g	k	h	e
설면전음	j	q	x	i
설첨전음 (설치음)	z	c	s	*i(으)
권설음 (설첨후음)	zh	ch	sh r	*i(으)

✚ 발음방법

① 성모를 단독으로 발음할 경우에는 뒤에 o, e, i 운모를 붙여 발음한다.

보기: bo po mo fo

　　　de te ne le

　　　ge ke he

　　　ji qi xi

　　　zhi chi shi ri

　　　zi ci si

② 권설음 zhi, chi, shi, ri와 설치음 zi, ci, si는 'i'와 결합할 때 '이' 소리가 나지 않고 '으' 소리가 난다.

③ 권설음 zh, ch, sh는 혀끝을 위로 말아 올려 입천장에 대었다가 떼면서 발음한다.

④ 설치음 z, c, s는 혀끝을 앞으로 쭉 뻗쳐 위 잇몸에 붙였다가 조금 떼면서 발음한다.

2) 운모(韵母)

현대 중국어의 운모는 모두 36개가 있다.(ê, 전i, 후i 포함해서 39개라고 하기도 한다.)

✚ 운모표(韵母表)

	i	u	ü
a	ia	ua	
o		uo	
e	ie		üe
ai		uai	
ei		uei(ui)	
ao	iao		
ou	iou(iu)		
an	ian	uan	üan
en	in	uen(un)	ün
ang	iang	uang	
eng	ing	ueng	
ong	iong		
		er(r)	

① i, u, ü가 성모 없이 단독 음절을 이루는 경우 yi, wu, yu로 표기한다.

    i → yi

u → wu

ü → yu

② i로 시작되는 운모로 성모 없이 단독 음절을 이루는 경우 i를 y로 표기한다.

ia → ya

ie → ye

iao → yao

iou → you

ian → yan

iang → yang

iong → yong

③ u로 시작되는 운모로 성모 없이 단독 음절을 이루는 경우 u를 w로 표기
한다.

ua → wa

uo → wo

uai → wai

uei → wei

uan → wan

uen → wen

uang → wang

ueng → weng

④ ü로 시작되는 운모로 성모 없이 단독으로 음절을 이룰 때 앞에 y를 붙이
고 ü 위에 두 점을 생략한다.

ü → yu

üe → yue

ün → yun

üan → yuan

⑤ in과 ing이 성모 없이 단독 음절을 이루는 경우 직접 앞에 y를 붙여 표기
한다.

in → yin

ing → ying

⑥ ü, üe, ün, üan이 성모 j, q, x와 결합할 때 두 점은 생략된다.

jü → ju   qü → qu   xü → xu
jüe → jue   qüe → que   xüe → xue
jün → jun   qün → qun   xün → xun
jüan → juan   qüan → quan   xüan → xuan

⑦ iou, uei, uen은 성모와 결합할 때 iu, ui, un으로 표기한다.

n + iou = niu
j + iou = jiu
g + uei = gui
h + uei = hui
d + uen = dun
g + uen = gun

3) 성조(声调)

성조란 음절마다 갖고 있는 소리의 높낮이를 말한다. 똑같은 음절이라도 성조가 다르면 그 의미도 글도 달라진다. 중국어의 표준어, 즉 普通话(푸통화)에는 네 개의 성조와 경성이 있다.

제1성: ' ˉ '로 표기하며 높은 음으로 유지한다.
　　妈(mā)
제2성: ' ´ '로 표기하며 중간 음으로 시작하여 높은 음까지 올린다.
　　麻(má)
제3성: ' ˇ '로 표기하며 중간 음으로 시작하여 낮은 음으로 내렸다가 시작한
　　음보다 약간 높은 음까지 올린다.
　　马(mǎ)
제4성: ' ` '로 표기하며 높은 음에서 낮은 음까지 빠른 속도로 내린다.
　　骂(mà)

15

경성: 특정한 표기가 없으며 약하고 짧게 발음이 되는데 앞 음절에 따라 소리의 높낮이가 변한다.

  妈妈(māma)

妈妈骂马慢。(mā ma mà mǎ màn。)(말이 느리다고 엄마가 꾸짖는다.)

✚ 성조 부호 표기

① 성조 부호는 운모인 a, o, e, i, u, ü 순서대로 그 위에 표시하며

    huī   kuài   qián   kūn   qù   tiě   diàn

② i 위에 쓰일 때는 i 위의 점을 생략하고 그 위에 표시한다.

    guī   xǐan   qí   zuì

③ －iu, －ui의 경우 맨 끝에 성조표시를 한다.

    jiǔ   liù   huì   guì

④ iong일 경우 o 위에 성조를 표시한다.

    xiōng   qióng   jiǒng

⑤ 3성이 2개가 연이어 나타날 때 앞의 3성을 2성으로 발음한다.

    3 ＋ 3 → 2 ＋ 3

    你   好

    nǐ hǎo → ní   haǒ

    老虎   lǎohǔ

    哪里   nǎlǐ

    小姐   xiǎojiě

⑥ 3성 뒤에 1, 2, 4와 경성이 올 때 3성은 반 3성으로 발음한다. 즉 3성의 앞 내려가는 부분만 발음해 주면 된다.

    3 ＋ 1 → 반 3성 ＋ 1

    好吃   hǎochī

手机　　　shǒujī

火車　　　huǒchē

3　+　2　→　반3성　+　2

很忙　　　hěnmáng

网球　　　wǎngqiú

羽毛球　　yǔmáoqiú

3　+　4　→　반3성　+　4

很快　　　hěnkuài

好看　　　hǎokàn

几月　　　jǐyuè

3　+　경성　→　반3성　+　경성

椅子　　　yǐzi

早上　　　zǎoshang

晚上　　　wǎnshang

1. 발음연습

b/p
ba/pa   bo/po   bai/pai   bei/pei

p/f
po/fo   pu/fu   pei/fei   peng/feng

d/t
de/te   da/ta   dai/tai   dei/tei

g/k
gu/ku   gui/kui   gen/ken   gun/kun

k/c
kai/cai   kun/cun   ku/cu   ke/ce

n/l
nai/lai   nei/lei   nu/lu   n/l

l/r
le/re   luo/ruo   li/ri   lun/run   lu/ru

n/r
nu/lu   nuo/ruo   ne/re   nun/run

s/sh
sui/shui   si/shi   sou/shou   seng/sheng

z/zh

zi/zhi   zui/zhui   zai/zhai   za/zha

c/ch

ci/chi   cao/chao   cui/chui   cu/chu

z/j

zi/ji   zun/jun   zu/ju   zuan/juan

c/q

cu/qu   cun/qun   ci/qi   ca/qia

s/x

su/xu   cun/xun   ci/xi   ca/xia

q/x

qian/xian   quan/xuan   qun/xun   qi/xi

2. 연이은 3성 연습

lǎohǔ   hěnhǎo   hěnlǎo   wǎngwǎng
nǎlǐ   xiǎojiě

3. 반 3성 연습

3 ＋ 1 → 반 3성 ＋ 1
haǒchī
shǒujī
huǒchē

3 + 2 → 반 3성 + 2

hěnmáng

wǎngqiú

yǔmáoqiú

3 + 4 → 반 3성 + 4

hěnkuài

hǎokàn

jǐyuè

3 + 경성 → 반 3성 + 경성

yǐzi

zǎoshang

wǎnshang

4. 성모 없는 단독 운모 익히기

yi	yan	ya	yao
wu	wen	yu	ya
ye	yao	you	yan
yang	yong	wa	wo
wai	wei	wan	wen
wang	weng	yu	yue
yun	yuan	yin	ying

5. 발음연습

huī	kuài	qián	kūn
qù	tiě	diàn	chun
guī	xǐan	qí	zuì
jiǔ	liù	huì	guì
xiōng	qióng	jiǒng	xun
niu	jiu	gui	hui
dun	gun	run	lun
ji	zi	jun	zun

MEMO

第一课 你好!

Dìyīkè Nǐhǎo!

제1과 안녕하세요!

生词(새단어)

你 nǐ 너, 당신   我 wǒ 저, 나

们 men ～들(복수)   学生 xuésheng 학생

您 nín 당신(2인칭 존칭)   老师 lǎoshī 선생님

朋友 péngyou 친구   好 hǎo 좋다. 안녕하다.

谢谢 xièxie 감사합니다   很 hěn 매우, 아주

在善 Zàishàn 재선   小龙 Xiǎolóng 샤우룽

小萍 Xiǎopíng 샤우핑   小青 Xiǎoqīng 샤우칭

课文 kèwén 본문   第一课 dìyīkè 제1과

再见 zàijiàn 안녕히 계세요, 안녕히 가세요

课文 1
kèwén yī

小青: 你好!
Xiǎoqīng: Nǐ hǎo!

在善: 你好!
Zàishàn: Nǐ hǎo!

小青: 再见!
Xiǎoqīng: Zàijiàn!

在善: 再见!
Zàishàn: Zàijiàn!

课文 2
kèwén èr

老师: 你们好!
Lǎoshī: Nǐmen hǎo!

学生们: 老师好!
Xuéshēngmen: Lǎoshī hǎo!

课文 3
kèwén sān

小龙: 小萍，你好吗?
Xiǎolóng: Xiǎopíng, nǐ hǎoma?

小萍: 我很好。谢谢!
Xiǎopíng: Wǒ hěn hǎo。Xièxie!

(본문 1)

샤우칭: 안녕하세요!

재선: 안녕하세요!

샤우칭: 안녕히 가세요!

재선: 안녕히 계세요!

(본문 2)

선생님: 모두들 안녕하세요!

학생들: 선생님 안녕하세요!

(본문 3)

샤우룽: 샤우핑, 잘 있니?

샤우핑: 난 잘 있어. 고마워.

1. 형용사술어문

중국어 문장의 기본구조는 주어 부분과 술어 부분으로 나누어진다. 주어 부분은 문장 내에서 행동의 주체를 언급하는 부분이고 술어 부분은 행동이나 상태를 나타내는 부분이다. 크게 형용사술어문, 동사술어문, 명사술어문으로 나눈다. 제1과의 '好'는 형용사이며 형용사술어문에 해당한다.

주어 부분   +   술어 부분

他   很   好。

(대명사)   +   (부사) (형용사)

이상과 같이 '他'는 주어 부분이고 '很好'는 술어 부분이다. 부사인 '很'은 형용사인 '好' 앞에 위치한다.

2. 의문문(1) ～ 吗?

'吗'는 의문 어기조사로 평서문(일반 문장)의 끝에 쓰여 의문문을 만들어 주고 일반적으로 문장 끝을 올려서 읽어 주며 '～ㅂ니까?', '～습니까?'로 해석된다.

주어 + 술어 + 吗?

老 师   好   吗?

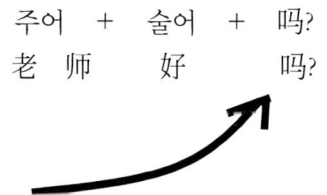

3. 很 ~

'很'은 부사로 '아주, 매우'의 뜻인데 형용사 앞에 습관적으로 붙여진다. 일반 서술 문장에서는 반드시 붙인다.

他 很 好。
我 很 忙。

4. ~ 们

'们'은 복수를 나타내는 접미사로 사람을 지칭하는 명사나 대명사 뒤에 붙여 복수를 나타낸다.

朋 友 们(친구들)
你 们(너희들)
我 们(우리)

5. 인칭대명사

단복수 인칭	단 수	복 수
1인칭	我(나)	我们(우리) 咱们(우리)
2인칭	你(너, 당신) 您(당신−존칭)	你们(너희)
3인칭	他(그) 她(그녀) 它(그것−사물, 동물) (저것−사물, 동물)	他们(그들) 她们(그녀들) 它们(그것들) (저것들)

회화연습 1

阿龙: 老　师　好　吗?
阿萍: 他　很　好。

아룽: 선생님께서 안녕하십니까?
아핑: 선생님께서는 잘 계세요.

회화연습 2

学　生　们　好!
朋　友　们　好!
老　师　们　好!

학생들 안녕하세요?
친구들 안녕?
선생님들 안녕하세요?

회화연습 3

阿龙: 早上好!
阿萍: 早上好!

阿龙: 晚上好!
阿萍: 晚上好!

阿龙: 再见!
阿萍: 再见!

아룽: 좋은 아침.
아핑: 좋은 아침.

아룽: 안녕. (저녁 인사, 잘 자)
아핑: 안녕. (저녁 인사, 잘 자)

아룽: 잘 가!
아핑: 잘 가! (잘 있어!)

어휘 플러스

爷爷 yéye 할아버지　　　　　　奶奶　nǎinai 할머니
爸爸 bàba 아버지　　　　　　　妈妈 māma 어머니
哥哥 gēge 형, 오빠　　　　　　姐姐 jiějie 누나, 언니
妹妹 mèimei 여동생　　　　　　弟弟 dìdi 남동생
他 tā 그(남자)　　　　　　　　她 tā 그녀
它 tā 그, 그것(사물)　　　　　早上 zǎoshang 아침
晚上 wǎnshang 저녁　　　　　　阿龙 Ālóng 아룽
阿萍 Āpíng 아핑

1. 주어진 단어를 사용하여 대화를 완성해보세요.

1) 보기 A: <u>老师</u>好!
   B: <u>你好</u>!

    ① 阿萍   ② 爷爷   ③ 晚上   ④ 早上
    ⑤ 奶奶   ⑥ 爸爸、妈妈   ⑦ 弟弟、妹妹

2) 보기 A: <u>你好</u>吗?
   B: <u>我很好</u>, 谢谢。

    ① 你朋友 ② 你爷爷、奶奶 ③ 老师   ④ 阿萍
    ⑤ 你哥哥 ⑥ 你姐姐   ⑦ 你爸爸、妈妈

2. 다음 문장을 중국어로 옮기세요.

1) 안녕하세요?

2) 나는 잘 있어요.

3) 선생님은 잘 계십니까?

4) 안녕히 가세요.

5) 고마워요.

MEMO

第二课 你忙吗?

Dìèrkè Nǐ máng ma?
제2과 바쁘세요?

生词(새단어)

忙 máng 바쁘다

也 yě ~도, ~역시

不 bù 아니다

大家 dàjiā 여러분

学校 xuéxiào 학교

见 jiàn 만나다

一会儿 yíhuìr 잠시 동안, 잠깐

吧 ba (추측, 명령, 청유)~지요? 하시오, ~합시다, ~해라

见/面 jiànmiàn 만나다(얼굴을 보자)

身体 shēntǐ 신체, 건강

太 tài 너무, 매우

一起 yìqǐ 같이, 함께

呢 ne 의문조사, 는요?

都 dōu 모두

累 lèi 힘들다, 피곤하다

在善: 你忙吗?
Zàishàn: Nǐ máng ma?

小青: 不太忙。你呢?
Xiǎoqīng: Bú tài máng。Nǐ ne?

在善: 我也不忙。
Zàishàn: Wǒ yě bù máng。
我们见面吧!
Wǒmen jiànmiàn ba!

小青: 好。一会儿见。
Xiǎoqīng: Hǎo。Yíhuìr jiàn。

课文 2
kèwén èr

学生们：老师好！
Xuéshengmen: Lǎoshī hǎo!

老师：大家好！你们身体好吗？
Lǎoshī: Dàjiā hǎo! Nǐmen shēntǐ hǎo ma?

学生们：我们都很好。老师呢？
Xuéshengmen: Wǒmen dōu hěn hǎo。Lǎoshī ne?

老师：我也很好。再见！
Lǎoshī: Wǒ yě hěn hǎo。Zàijiàn!

学生们：再见。
Xuéshengmen: Zàijiàn。

课文 3
kèwén sān

小龙：小萍，你好吗？
Xiǎolóng: Xiǎopíng, Nǐ hǎo ma?

小萍：我很好。你呢？
Xiǎopíng: Wǒ hěn hǎo。Nǐ ne?

小龙：我也很好。你累吗？
Xiǎolóng: Wǒ yě hěn hǎo。Nǐ lèi ma?

小萍：我不累。谢谢！
Xiǎopíng: Wǒ bú lèi。Xièxie!

(본문) 1

재선: 바빠요?

샤우칭: 별로 바쁘지 않아요. 재선 씨는요?

재선: 나도 바쁘지 않아요.

　　　우리 만나요.

샤우칭: 좋아요. 잠시 후 만나요.

재선: 좋아요.

(본문) 2

학생들: 선생님 안녕하세요!

선생님: 여러분 안녕하세요!

　　　모두들 건강합니까?

학생들: 우리 모두 건강합니다.

　　　　선생님께서는요?

선생님: 나도 건강해요. 잘 가요!

학생들: 안녕히 가세요!

(본문) 3

샤우룽: 샤우핑, 잘 지내요?

샤우핑: 잘 지내요, 아룽은요?

샤우룽: 나도 잘 지내요. 힘들어요?

샤우핑: 안 힘들어요. 고마워요.

1. 동사술어문

술어 부분이 동사 또는 동사, 목적어 등으로 이루어진 문장을 동사술어문이라고 한다. 중국어의 동사술어문은 우리 어순과 많이 다르다. 동사술어문의 기본적인 어순은 '주어'는 주어 부분이고 '동사 + 목적어' 부분은 술어 부분이다. 그 문장 형식은 아래와 같다.

주어 부분 + 술어 부분
　주어 + 　동사 + 목적어

我 　是 　阿龙。(저는 아룽입니다.)
我 　去 　学校。(저는 학교에 갑니다.)

2. 어기조사 '呢'(의문문)

본 장에서 어기조사 '呢'의 주 기능은 생략형 의문문을 만드는 데 쓰인다. 주로 명사, 대명사, 명사구에 붙여 만드는 일종의 생략형식 의문문이다.

1) 자신이나 상대방이 한 말을 다시 상대방에게 되물어보는 형태로 술어 부분을 되풀이하지 않고 간략하게 그 행위의 주체만을 물을 때 쓰인다. 그렇기 때문에 반드시 화자와 청자가 그 술어 부분의 문장을 알고 있는 것을 전제로 한다.

A: 你爸爸妈妈好吗?

B: 他们很好, 你呢? (당신은요?)

A: 我也很好。

2) 명사, 명사구 단독으로 쓰이면 사람이나 사물의 위치를 물어볼 때 쓰인다.

老师呢? (선생님은 어디에 계십니까?)

我的书呢? (내 책은 어디에 있어요?)

3. 어기조사 吧

어기조사 '吧'는 문장의 끝에 쓰여 제안, 동의, 추측, 명령, 청유, 권유 등의 의미를 나타낸다.

你好吗? 잘 계세요? (의문, 별일 없이 잘 지내는지 묻는 말이다)

你好吧? 잘 계시지요? (추측, 별일 없이 잘 지내리라 생각하면서 확인
하는 말이다)

我们走吧! 우리 갑시다! (제안)

4. 不

'不'는 단독 혹은 동사, 형용사, 부사 앞에 쓰여 부정을 나타낸다. 시제는 현재다.

不忙 (형용사 앞에)

不太好 (부사 앞에)

不是 (동사 앞에)

不 (단독)

5. '一'와 '不'의 성조의 변화

'一'와 '不'는 자기의 성조를 가지고 있지만 뒤에 오는 음절의 성조에 따라 변하며 표기할 때도 변화된 상태의 성조로 표기한다.

1) '一'의 성조변화

** 숫자 '一'은 제1성이다.
*** 一 + 제4성 글자 → 제2성 + 제4성 글자
      + 제4성이 변해서 된 경성 글자 → 제2성 + 제4성이 변해서 된 경성 글자

　　예: 一号　　yí haò(1번, 1일)
　　　　一个　　yí ge(1개)

*** 一 + 　제1성 글자 → 제4성 　+ 　제1성 글자
　　 + 　제2성 글자 → 제4성 　+ 　제2성 글자
　　 + 　제3성 글자 → 제4성 　+ 　제3성 글자

　　예: 一天　　yì　tiān(하루)
　　　　一条　　yì　tiáo(한 줄 - 강, 길 등 긴 것의 양사)
　　　　一朵　　yì　duǒ(한 송이(꽃))

2) '不'의 성조변화

　　不　+　제4성 글자 → 제2성　+　제4성 글자

　　예: 不是　bú　shì(아니다)

　　不　+　제1성 → 제4성　+　제1성
　　　 +　제2성 → 제4성　+　제2성
　　　 +　제3성 → 제4성　+　제3성

예: 不吃　bù chī(안 먹는다)
　　不忙　bù máng(바쁘지 않다)
　　不好　bù hǎo(나쁘다)

회화연습 1

小青: 王老师呢?
在善: 他在学校。他很忙。
小青: 你呢?
在善: 我不忙。

샤우칭: 왕 선생님께서 어디에 계세요?
재선: 선생님은 학교에 계세요. 그는 매우 바쁘세요.
샤우칭: 재선 씨는요?
재선: 나는 바쁘지 않아요.

회화연습 2

阿龙: 小青忙吧? (추측)
阿萍: 他不忙。
阿龙: 我们去见他吧! (제안)
阿萍: 好吧。 (동의)

아룽: 샤우칭은 바쁘지?
아핑: 그는 바쁘지 않아.
아룽: 우리 그를 만나러 가자.
아핑: 좋아.

회화연습 3

小青: 小龙不去学校。(동사를 부정)
在善: 他不太好吗? (부사를 부정)
小青: 他不好。(형용사를 부정)
在善: 你冷吗?
小青: 我不冷。
在善: 你热吗?
小青: 我不热。

샤우칭: 샤우룽은 학교에 가지 않아요.
재선: 그는 건강이 별로 좋지 않아요?
샤우칭: 그는 건강이 안 좋아요.
재선: 추워요?
샤우칭: 안 추워요.
재선: 더워요?
샤우칭: 안 더워요.

회화연습 4

(헤어질 때 인사말)
阿龙: 明天见!
阿萍: 明天见!

阿龙: 下次见!
阿萍: 下次见!

阿龙: 改天见!
阿萍: 改天见!

阿龙: 一会儿见!
阿萍: 一会儿见!

아룽: 내일 만납시다.
아핑: 내일 만나요.

아룽: 다음에 만납시다.
아핑: 다음에 만나요.

아룽: 다른 날 만납시다.
아핑: 다른 날 만나요.

아룽: 잠시 후 만납시다.
아핑: 잠시 후 만나요.

어휘 플러스

在 zài ~에 있다   去 qù 가다
冷 lěng 춥다   热 rè 덥다
吃 chī 먹다   走 zǒu 걷다, 가다
明天 míngtiān 내일   下次 xiàcì 다음에
改天 gǎitiān 다른 날   个 ge 개(양사)
朵 duǒ(꽃, 구름 등의 양사) 송이
条 tiáo(길쑥한 것의 양사) 바지, 강, 도로 등

1. 밑줄 친 부분을 주어진 단어로 대체해서 연습해보세요.

1) 보기 A: 你好吗?
      B: 我很好, 你呢?
      A: 我也很好。

    ① 忙   ② 累   ③ 冷   ④ 热

2) 보기 A: 你好吗?
      B: 我不太好, 你呢?
      A: 我也不太好。

    ① 忙   ② 累   ③ 冷   ④ 热

2. 다음 문장을 부정문으로 바꾸세요.

1) 我很好。
2) 我也很忙。
3) 我们很热。
4) 我很累。

3. 다음 문장을 중국어로 옮기세요.

1) 잠시 후 만나요.
2) 나도 매우 추워요.
3) 나는 매우 피곤해요.
4) 나도 매우 바빠요.
5) 별로 바쁘지 않아요.

第三课 你叫什么名字?

Dìsānkè Nǐ jiào shénme míngzi?

제3과 이름이 뭐예요?

生词(새단어)

叫 jiào 부르다, ~라고 하다. 　什么 shénme 무엇, 무슨

名字 míngzi 이름　　　　　贵姓 guìxìng 성함(존칭)

姓 xìng 성, 성씨가 ~이다. 　这 zhè 이, 이것

那 nà 그, 그것, 저, 저것　　汉语 hànyǔ 중국어

是 shì ~이다　　　　　　杜鹃花 dùjuānhuā 진달래

书 shū 책　　　　　　　花 huā 꽃

颜色 yánsè 색깔　　　　　粉红色 fěnhóngsè 분홍색

甜甜 Tiántian (이름)텐텐　 李 Lǐ (성씨) 이

金美丽 Jīnměilì (이름)김메이리

贵姓大名 guìxìngdàmíng 존함이 어떻게 되십니까?

老师：你叫什么名字？
Lǎoshī: Nǐ jiào shénme míngzi?

学生 1：我叫金美丽。您贵姓大名？
Xuésheng 1: Wǒ jiào Jīnměilì。Nín guìxìngdàmíng?

老师：我叫王山。你叫什么名字？
Lǎoshī: Wǒ jiào Wángshān。Nǐ jiào shénme míngzi?

学生 2：我姓李，叫甜甜。
Xuésheng 2: Wǒ xìng Lǐ, jiào Tiántian。

在善：这是什么？
Zàishàn: Zhè shì shénme?

小青：这是书。
Xiǎoqīng: Zhè shì shū。

在善：那是什么？
Zàishàn: Nà shì shénme?

小青：那是汉语书。
Xiǎoqīng: Nà shì Hànyǔshū。

小龙: 这是什么花?
Xiǎolóng: Zhè shì shénme huā?

小萍: 是杜鹃花。
Xiǎopíng: Shì dùjuānhuā。

小龙: 是什么颜色?
Xiǎolóng: Shì shénme yánsè?

小萍: 是粉红色。
Xiǎopíng: Shì fěnhóngsè。

(본문 1)

선생님: 이름이 뭐예요?

학생 1: 저는 김메이리라고 합니다.

　　　　　선생님 존함이 어떻게 됩니까?

선생님: 나는 왕싼이라고 하네, 학생 이름이 뭐예요?

학생 2: 저는 성이 이이고, 이름은 텐텐이라고 합니다.

(본문 2)

재선: 이것은 무엇입니까?

샤우칭: 이것은 책입니다.

재선: 저건 뭐예요?

샤우칭: 저것은 중국어 책입니다.

(본문 3)

샤우룽: 이것은 무슨 꽃이에요?

샤우핑: 진달래예요.

샤우룽: 무슨 색이에요?

샤우핑: 분홍색이에요.

```
┌─────────────────────────────────────────┐
│                                           │
│              문  법                        │
│                                           │
└─────────────────────────────────────────┘
```

1. 의문대명사 '什么'

　중국어의 의문문 어순은 평서문과 똑같다. 의문대명사 '什么'는 일반적으로 두 가지 용법이 있다. 즉 '무엇'의 뜻으로 쓰이는 명사적 용법과 '무슨'의 뜻으로 쓰이는 형용사적 용법이다.

　　　　这是什么? (무엇 - 명사적 용법)
　　　　这是什么书? (무슨 책 - 형용사적 용법)

2. '是'자문

1) '是'자문이란 판단동사 '是(~이다)'가 술어로 쓰인 동사술어문을 말하며, 이 구문은 동작행위를 나타내지 않고 어떤 일의 사실 여부를 나타낸다.
2) 부정형은 부정부사 '不'를 '是' 앞에 놓아 '不是'를 쓴다.
3) 의문문······ A ＋ 是 ＋ B ＋ 吗?
　　　　　　　　A ＋ 是不是 ＋ B?
　　　　　　　　A ＋ 是 ＋ 의문대명사(什么, 谁 등)?
　　　　　　　　의문대명사(什么, 谁 등) ＋ 是 ＋ A?

3. 정반의문문

　긍정에 부정을 더하는 형태로 의문문의 일종이다.
　　　　是不是? (~ 입니까?)
　　　　好不好? (~ 좋습니까?)

1) 의문문이나 문장 끝이 올라가지 않고 성조대로 발음해 준다.
2) 중간의 '不'는 경성으로 발음한다.

> 是不是? shì bu shì?
>
> 忙不忙? máng bu máng?

3) ' ~ 吗?' 의문문의 뜻과 같다.

> 你忙吗? (바쁩니까?)
>
> ＝你忙不忙? (바쁩니까?)

4. 지시사의 단수와 복수형

	단수	복수
근칭	这 이(것)	这些 이(것)들
원칭	那 그(것), 저(것)	那些 그(것)들, 저(것)들

> 这些是什么花?
>
> 这些是什么?
>
> 那些是电脑书。

小龙: 这些是什么花?
小萍: 是玫瑰。
小龙: 是什么颜色?
小萍: 是红色。

샤우룽: 이것들은 무슨 꽃이에요?
샤우핑: 장미예요.
샤우룽: 무슨 색이에요?
샤우핑: 빨간색이에요.

小青: 我是学生。你是医生吗?
在善: 不是。我是老师。
小青: 他是不是老师?
在善: 是。他也是老师。

샤우칭: 저는 학생입니다. 당신은 의사세요?
재선: 아니요, 나는 선생이에요.
샤우칭: 그는 선생이에요?
재선: 네, 그도 선생이에요.

阿萍: 你叫什么?

阿龙: 我叫阿龙。你呢?

阿萍: 我叫阿萍。

阿龙: 您贵姓?

在善: 我姓金。

아핑: 이름이 뭐예요?

아룽: 아룽이에요. 당신은?

아핑: 아핑이에요.

아룽: 선생님 성씨가 어떻게 됩니까?

재선: 김씨예요.

어휘 플러스

梅花 méihuā 매화

兰花 lánhuā 난초

玫瑰 méiguī 장미

紫色 zǐsè 보라색

绿色 lǜsè 초록색

橘红色 júhóngsè 주황색

医生 yīshēng 의사(회화체에서는 大夫dàifu)

学生 xuésheng 학생

郑 Zhèng 정

丁 Dīng 정

李 Lǐ 이

吴 Wú 오

徐 xú 서

尹 yǐn 윤

那些 nàxiē 저것들, 저들, 그것들, 그들

菊花 júhuā 국화

茉莉花 mòlìhuā 재스민

黑色 hēisè 검정색

黄色 huángsè 노란색

白色 báisè 흰색

蓝色 lánsè 파란색

红色 hóngsè 빨간색

黄 Huáng 황

张 Zhāng 장

朴 Piáo 박

洪 Hóng 홍

崔 Cuī 최

这些 zhèxie 이것들, 이들

1. 다음 질문에 주어진 단어를 넣어 대답해보세요.

1) A: 你叫什么名字?

   B: _____。

李甜甜
吴萍(Wúpíng)
黄莲花(Huángliánhuā)
金美丽
王山

2) A: 请问, 您贵姓大名?

   B: _____。

李甜甜
吴萍
黄莲花
金美丽
王山

3) A: 请问, 您贵姓?

   B: _____。

金
黄
张
朴
洪
崔

4) A: 你姓什么?

   B: _____。

   郑
   丁
   李
   吴
   王
   尹

5) A: 这是什么花?

   B: 这是_____。

   菊花
   梅花
   兰花
   杜鹃花
   玫瑰
   茉莉花

6) A: 是什么颜色?

   B: 是_____。

   红色
   紫色
   白色
   黑色
   黄色
   绿色
   蓝色
   橘红色

2. 다음 문장을 중국어로 옮기세요.

1) 이름이 뭐니?

2) 존함이 어떻게 되세요?

3) 이것은 무엇입니까?

4) 이것은 무슨 색이에요?

5) 이것은 무슨 꽃이에요?

6) 성이 뭐니?

第四课 他是谁?

Dìsìkè Tā shì shuí?
제4과 그는 누구입니까?

生词(새단어)

是 shì ~이다   谁 shuí/shéi 누구

书 shū 책   电脑 diànnǎo 컴퓨터

教 jiāo ~에게 ~을 가르치다 家长 jiāzhǎng 학부형

那 nà 그럼, 그러면

见到 jiàndào 만나게 되다, 보게 되다

汉语 Hànyǔ 중국어   医生 yīsheng 의사

书包 shūbāo 책가방   真 zhēn 정말, 진짜

圆珠笔 yuánzhūbǐ 볼펜   漂亮 piàoliang 예쁘다

都 dōu 모두

课文 1
kèwén yī

在善: 他是谁?
Zàishàn: Tā shì shuí?

小青: 他是王老师。
Xiǎoqīng: Tā shì Wáng lǎoshī。

在善: 他教什么?
Zàishàn: Tā jiāo shénme?

小青: 他教汉语。
Xiǎoqīng: Tā jiāo Hànyǔ。

课文 2
kèwén èr

小龙: 这是谁的书包?
Xiǎolóng: Zhè shì shuí de shūbāo?

小萍: 是我的。
Xiǎopíng: Shì wǒ de。

小龙: 那是谁的圆珠笔?
Xiǎolóng: Nà shì shuí de yuánzhūbǐ?

小萍: 是小英的。
Xiǎopíng: Shì xiǎo yīng de。

小龙: 真漂亮。
Xiǎolóng: Zhēn piàoliang。

小青: 老师好! 这是我妈妈。
Xiǎoqīng: Lǎoshī hǎo! Zhè shì wǒ māma。

王老师: 您好! 我很高兴见到你。我姓王。
Wánglǎoshī: Nín hǎo! Wǒ hěn gāoxìng jiàndào nǐ。
Wǒ xìng Wáng。

家长: 王老师! 您好! 我是小青的妈妈。
Jiāzhǎng: Wánglǎoshī! Nín hǎo! Wǒ shì Xiǎoqīng de
māma。

王老师: 那她是谁?
Wánglǎoshī: Nà tā shì shuí?

小青: 她是我妹妹。
Xiǎoqīng: Tā shì wǒ meìmei。

(본문 1)

재선: 그는 누구예요?

샤우칭: 그는 왕 선생님이에요.

재선: 무엇을 가르치세요?

샤우칭: 중국어를 가르치세요.

(본문 2)

샤우룽: 이건 누구 가방이야?

샤우핑: 내 거야.

샤우룽: 저건 누구 볼펜이야?

샤우핑: 샤우잉 거야.

샤우룽: 정말 예쁘다.

(본문 3)

샤우칭: 선생님 안녕하세요? 이분은 저의 어머니세요.

왕 선생님: 안녕하세요! 만나 뵙게 되어서 아주 기쁩니다.
　　　　　저는 왕씨입니다.

학부형: 왕 선생님! 안녕하세요! 저는 샤우칭 엄마입니다.

왕 선생님: 그럼 저 아이는 누구예요?

샤우칭: 그녀는 내 여동생입니다.

문 법

1. 의문대명사 '谁'

'谁'는 '누구'의 뜻으로 사람에게만 쓰이는 의문대명사이다.
　　　他是谁? (누구)
　　　这是谁的书? (누구의)

2. 不是 ~ , 是 ~

'不是 ~ , 是 ~'은 '~가 아니라 ~이다'
　　　他不是我哥哥, 是我弟弟。
　　　他不是老师, 是医生。

3. 구조조사 的

'的'는 '~의, ~ㄴ, ~는, ~한'라는 의미로서 '的' 뒤에 있는 명사나 대명사를 수식하는 관형어(定语)로 쓰이는 조사이다. 이때 관형어와 꾸밈을 받는 말 (중심어) 사이에 '的'를 쓴다. '的' 앞에 수식하는 성분은 부사 외의 모든 품사가 가능하며, 절, 문장도 가능하다. 단, 수식하는 성분이 인칭대명사이고 중심어가 친족이나 소속된 단체, 기관 등일 경우에는 '的'를 생략할 수 있다.
　　　我(的)妈妈　　(나의 엄마)
　　　红色(的)玫瑰　　(빨간 장미)

4. '지시사'

사람이나 사물을 대체하여 지시하는 대사를 말한다.

这 이, 이것	这儿 여기
那 저(그), 저것(그것)	那儿 저기(거기)
哪 어느	哪儿 어디

회화연습 1

小龙: 小萍, 好久不见!

小萍: 小龙, 好久不见! 她是你姐姐吗?

小龙: 不是我姐姐, 是我妹妹。

小萍: 很高兴见到你。

我是小萍。你叫什么?

小英: 我叫小英。

샤우룽: 샤우핑, 오랜만이야!

샤우핑: 샤우룽, 오랜만이야! 그녀는 네 누나니?

샤우룽: 누나가 아니고 여동생이야.

샤우핑: 만나서 기뻐, 난 샤우핑이야, 넌 이름이 뭐니?

샤우잉: 저는 샤우잉이에요.

小王: 我是学生。你是老师吗?

老金: 不是。我是医生。

小王: 他是不是老师?

老金: 不是, 他也不是老师, 是医生。
　　　我们都是医生。

왕 군: 저는 학생입니다. 선생님이세요?

김 선생: 아니요. 난 의사예요.

왕 군: 그는 선생님이십니까?

김 선생: 아니요, 그도 선생님이 아니고 의사예요.
　　　우리 모두 의사예요.

어휘 플러스

好久 hǎojiǔ 오랫동안　　　　　　小英 Xiǎoyīng(인명) 샤우잉
好久不见 hǎojiǔbújiàn 오랜만이다
铅笔 qiānbǐ 연필　　　　　　　　本子 běnzi 공책
(铅)笔盒 (qiān)bǐhé 필통　　　　老金 lǎojīn 김 씨, 김 선생님
小金 xiǎojīn 김 군

1. 밑줄 친 부분을 주어진 단어로 대체해서 연습해보세요.

1) A: 他(她)是谁?

　　B: 他(她)是<u>李甜甜</u>。

　　　　　　　　　吴萍

　　　　　　　　　王老师

　　　　　　　　　王山

　　　　　　　　　我姐姐

2) A: 这是谁的书包?

　　B: 这是<u>我</u>的书包

　　　　　　　　　小青

　　　　　　　　　吴萍弟弟

　　　　　　　　　王老师

　　　　　　　　　王山哥哥

　　　　　　　　　小英

3) A: 她是你<u>姐姐</u>吗?

　　B: 不是我<u>姐姐</u>, 是我<u>妹妹</u>。

　　　　　　　　　哥哥, 弟弟

　　　　　　　　　朋友, 姐姐

　　　　　　　　　妈妈, 小青的妈妈。

　　　　　　　　　王老师, 李老师

2. 다음 문장을 중국어로 옮기세요.

1) 그는 누구예요?

2) 이것은 누구의 가방이에요?

3) 그녀는 나의 누나가 아니라 나의 여동생이에요.

4) 당신은 선생이에요?

5) 그는 중국어를 가르쳐요?

第五课 你是哪国人?

Dìwǔkè Nǐ shì nǎguórén?

제5과 어느 나라 사람이에요?

生词(새단어)

韩国 Hánguó 한국	中国 Zhōngguó 중국
人 rén 사람	话 huà 말, 말씀
的 de ~의	从 cóng ~(로)부터
来 lái 오다	
认识 rènshi 알다(글자, 사람 길 등)	
普通话 pǔtōnghuà 중국어 표준어	

小青：你是哪国人？
Xiǎoqīng: Nǐ shì nǎguórén?

在善：我是韩国人。你呢？
Zàishàn: Wǒ shì Hánguórén。Nǐ ne?

小青：我是中国人。我学韩国话。
Xiǎoqīng: Wǒ shì Zhōngguórén。Wǒ xué Hánguóhuà。

在善：是吗？我学普通话。
Zàishàn: Shì ma? Wǒ xué pǔtōnghuà。

小龙：她是我的朋友，小青。
Xiǎolóng: Tā shì wǒ de péngyou, Xiǎoqīng。

小萍：小青，你好！你从哪儿来的？
Xiǎopíng: Xiǎoqīng, nǐhǎo! nǐ cóng nǎr lái de?

小青：我从中国来的。你的名字是什么？
Xiǎoqīng: Wǒ cóng Zhōngguó lái de。Nǐ de míngzi
　　　　　shì shénme?

小萍：我是小萍。
Xiǎopíng: Wǒ shì Xiǎopíng。

小青: 在善，这是我的同学，小萍。

Xiǎoqīng: Zàishàn, zhè shì wǒ de tóngxué, Xiǎopíng。

在善: 小萍。我很高兴认识你。我叫在善。

Zàishàn: Xiǎopíng。Wǒ hěn gāoxìng rènshi nǐ。Wǒ jiào Zàishàn。

小萍: 认识你我也很高兴。

Xiǎopíng: Rènshi nǐ wǒ yě hěn gāoxìng。

(본문 1)

샤우칭: 넌 어느 나라 사람이니?

재선: 난 한국 사람이야. 너는?

샤우칭: 난 중국 사람이야. 난 한국어를 배워.

재선: 그래? 나는 중국어를 배워.

(본문 2)

샤우룽: 그녀는 나의 친구인데, 샤우칭이라고 해요.

샤우핑: 샤우칭, 안녕! 어디에서 왔어요?

샤오칭: 중국에서 왔어요. 이름이 뭐예요?

샤우핑: 난 샤우핑이라고 해요.

(본문 3)

샤우칭: 재선 씨, 이 사람은 내 학우 샤우핑이에요.

재선: 샤우핑, 알게 되어 매우 기뻐요. 난 재선이에요.

샤우핑: 알게 되어서 나도 매우 기뻐요.

문 법

1. 是~的 구문

'是~的' 구문으로 이미 발생한 동작 행위의 시간, 장소, 방식 등을 강조할 때 쓰인다.

```
                  +   시간
주어 + 是 + 장소 등 + 동사 + (목적어, 대명사) + 的
                  +   방식
```

1) 이미 발생한 동작 행위로 시제는 과거이다.
2) 시간, 장소, 방식 등을 강조할 때 쓰인다.
3) '是…… 的' 구문의 '是'는 생략할 수 있다.
4) 부정문은 '不是…… 的'이다.
5) '的'의 위치는 목적어가 있을 경우 동사 바로 뒤로 옮길 수 있다.

> 我是从中国来的。
> = 我从中国来的。(是 생략)
> 我不是从中国来的。(不是 ~ 的, 부정문)

> 我是在北京认识阿萍的。
> = 我在北京认识阿萍的。(是 생략)
> 我是在北京认识的阿萍。(목적어 '阿萍' 이 있어 '的'를 동사 뒤로 이동)
> 我不是在北京认识阿萍的。(不是 ~ 的, 부정문)

2. 의문대명사 '哪'

'어느', '어떤'의 뜻이 있으며 사람과 사물을 물을 때 쓰이는 의문대명사다. '哪个'는('哪'에 수량사 '一个'가 결합한 것으로) '어느/어느 것' 혹은 '어떤/어떤 것'이라는 뜻으로 쓰인다.

> 你是哪国人? (어느 나라, 당신은 어느 나라 사람입니까?)
> 哪位是你妈妈? (어느 분, 位 wèi 분, 어느 분이 너의 엄마니?)

3. 의문대명사 '哪儿'

'어디'라는 의미로 장소를 물을 때 쓰이는 의문대명사다. '哪儿' 외에도 '哪里', '哪个地方', '什么地方' 등을 쓸 수도 있다.

> 你从哪儿来的? (어디에서 오셨어요?)
> =你从哪里来的?
> =你从什么地方来的?

4. 전치사 '从'

'从'은 시간, 장소의 시발점 또는 방향을 나타내는 전치사로 '~로부터' '~에서부터'의 뜻으로 쓰인다.

> 你从哪儿来的? (~로부터)

5. 我认识你很高兴。

초면 인사에 많이 활용된다. '我很高兴认识你。' '我认识你很高兴。' '我见到你很高兴。' 등으로 '만나서 반갑다', '알게 되어서 반갑다'의 뜻이다.

6. 知道(zhīdào, 알다), 认识

知道와 认识는 모두 '알다'라는 뜻을 갖고 있지만 知道는 일반적인 사실을 알 때 사용되고, 认识는 선험적인 경험이 있는 것에 국한된다. 대개 만난 적이 있는 사람, 본 적이 있는 글자, 가본 적이 있는 길에 국한된다.

> 我认识你。(난 너를 알다.)
> 我认识路。(난 길을 알다.)
> 我知道这件事。(이 일을 알다.)

회화연습 1

小青: 她是我的朋友，美英。

在善: 你认识她妈妈吗?

小青: 我认识她。她是我们学校的老师。

在善: 你也认识她爸爸吗?

小青: 认识。他也是我们学校的老师。

샤우칭: 그녀는 내 친구인데 미영이라고 해요.

재선: 그녀의 엄마를 알아요?

샤우칭: 알아요. 그녀의 엄마는 우리 학교 선생님이에요.

재선: 그녀의 아빠도 알아요?

샤우칭: 알아요. 그녀의 아빠도 우리 학교 선생님이에요.

老师: 你从哪个国家来的?
学生 1: 我从美国来的。
老师: 你(是)从哪个国家来的?
学生 2: 我(是)从英国来的。
老师: 你从哪个国家来的?
学生 3: 我从日本来的。
老师: 你从美国来的吗?
学生 4: 不是, 我从加拿大来的。

선생님: 어느 나라에서 왔어요?
학생 1: 저는 미국에서 왔어요.
선생님: 어느 나라에서 왔어요?
학생 2: 저는 영국에서 왔어요.
선생님: 어느 나라에서 왔어요?
학생 3: 저는 일본에서 왔어요.
선생님: 미국에서 왔어요?
학생 4: 아니요, 저는 캐나다에서 왔어요.

小青: 你学什么?

在善: 我学汉语。你呢?

小青: 我学韩国语。

在善: 小萍，你学什么?

小萍: 我学英语。

在善: 小龙，你呢?

小龙: 我学韩国语，也学日语。

샤우칭: 뭘 배워?

재선: 난 중국어 배워, 너는?

샤우칭: 난 한국어 배워.

재선: 샤우핑, 넌 뭘 배워?

샤우핑: 난 영어 배워.

재선: 샤우룽, 넌 뭘 배워?

샤우룽: 난 한국어도 배우고 일어도 배워.

어휘 플러스

美国 Měiguó 미국	英国 Yīngguó 영국
法国 Fǎguó 프랑스	德国 Déguó 독일
巴西 Bāxī 브라질	瑞士 Ruìshì 스위스
意大利 Yìdàlì 이태리	加拿大 Jiānádà 캐나다
台湾 Táiwān 대만	日本 Rìběn 일본
新加坡 Xīnjiāpō 싱가포르	印度 Yìndù 인도
国家 guójiā 나라	北京 Běijīng 북경
学校 xuéxiào 학교	上海 Shànghǎi 상해
首尔 Shǒu'ěr 서울	仁川 Rénchuān 인천

1. 밑줄 친 부분을 주어진 단어로 대체해서 연습해보세요.

1) A: 你是哪国人?
   B: 我是韩国人。你呢?
   A: 我是<u>中国</u>人

   美国
   英国
   法国
   德国
   巴西
   印度

2) A: 你从哪个国家来的?
   B: 我从<u>美国</u>来的。你呢?
   A: 我从<u>法国</u>来的。

   法国, 瑞士
   德国, 台湾
   意大利, 新加坡
   加拿大, 瑞士

3) A: 你从哪儿来的?

　　B: 我从<u>美国</u>来的。你呢?

　　A: 我从<u>法国</u>来的。

　　　　　　　　　　　　　　　德国, 印度

　　　　　　　　　　　　　　　意大利, 加拿大

　　　　　　　　　　　　　　　美国, 巴西

　　　　　　　　　　　　　　　日本, 中国

　　　　　　　　　　　　　　　北京, 上海

　　　　　　　　　　　　　　　首尔, 仁川

4) A: 你学什么?

　　B: 我学<u>韩国</u>话。你呢?

　　A: 我学<u>普通</u>话。

　　　　　　　　　　　　　　　德国, 中国

　　　　　　　　　　　　　　　法国, 日本

　　　　　　　　　　　　　　　印度, 意大利

5) A: 你学什么?

　　B: 我学<u>韩国</u>语。你呢?

　　A: 我学<u>汉语</u>。

　　　　　　　　　　　　　　　德(国)语, 英语

　　　　　　　　　　　　　　　汉语, 印度语

　　　　　　　　　　　　　　　法(国)语, 英语

　　　　　　　　　　　　　　　日(本)语, 意大利语

　　　　　　　　　　　　　　　印度语, 韩国语

2. 다음 문장을 중국어로 옮기세요.

1) 어느 나라 사람이에요?

2) 어디에서 오셨어요?

3) 나를 알아요?

4) 무엇을 배우세요?

5) 중국에서 왔어요.

第六课 你家有几口人?

Dìliùkè Nǐ jiā yǒu jǐ kǒu rén?
제6과 당신의 가족은 몇 명입니까?

生词(새단어)

口 kǒu 명입, 양식구의 양사   人 rén 사람

大学 dàxué 대학   看 kàn 보다

孩子 háizi 아이   儿子 érzi 아들

女儿 nǚ'ér 딸   医生 yīsheng 의사

护士 hùshi 간호사   医院 yīyuàn 병원

有 yǒu 있다   做 zuò ~을 하다

工作 gōngzuò 명일, 직업; 동일하다, 직장에 다니다

在 zài 동~에 있다, 개~에서   学校 xuéxiào 학교

没有 méiyǒu 없다   桌子 zhuōzi 탁자

爱人 àiren (배우자)남편, 아내   米 mǐ 미터

词典 cídiǎn 사전   高 gāo 높다

和 hé 와, 과   本 běn 양권

课文 1
kèwén yī

老师：你家有几口人？
Lǎoshī: Nǐ jiā yǒu jǐ kǒu rén?

学生：我家有四口人，
Xuésheng: Wǒ jiā yǒu sì kǒu rén,
       有爸爸、妈妈、弟弟和我。
       yǒu bàba、mā ma、dìdi hé wǒ。

老师：你爸爸做什么工作？
Lǎoshī: Nǐ bàba zuò shénme gōngzuò?

学生：他是老师，在学校教汉语。
Xuésheng: Tā shì lǎoshī, zài xuéxiào jiāo Hànyǔ。

课文 2
kèwén èr

小龙：你有没有兄弟姐妹？
Xiǎolóng: Nǐ yǒu méi yǒu xiōngdì jiěmèi?

小萍：我有一个哥哥。
Xiǎopíng: Wǒ yǒu yí ge gēge。

小龙：他有几个孩子？
Xiǎolóng: Tā yǒu jǐ ge háizi?

小萍：他有一个儿子和一个女儿。
Xiǎopíng: Tā yǒu yí ge érzi hé yí ge nǚ'ér。

在善：你家有谁？
Zàishàn: Nǐ jiā yǒu shéi?

小青：有爸爸、妈妈和一个姐姐。
Xiǎoqīng: Yǒu bàba、māma hé yí ge jiějie.

在善：你是做什么工作的？
Zàishàn: Nǐ shì zuò shénme gōngzuò de?

小青：我是护士。我在医院工作。
Xiǎoqīng: Wǒ shì hùshi. Wǒ zài yīyuàn gōngzuò.

(본문 1)

선생님: 당신 집 가족은 몇 명이에요?

학생: 우리 집 가족은 네 명이에요. 아빠, 엄마, 동생하고
　　　제가 있어요.

선생님: 아버지의 직업은 무엇이에요?

학생: 우리 아빠는 선생이에요, 학교에서 중국어를 가르치세요.

(본문 2)

샤우룽: 형제자매가 있어요?

샤우핑: 형이 있어요.

샤우룽: 형은 아이가 몇 있어요?

샤우핑: 형은 딸 하나, 아들 하나 있어요.

(본문 3)

재선: 집에 누구 있어요? (가족의 구성)

샤우칭: 아빠, 엄마하고 누나 있어요.

재선: 당신의 직업이 뭐예요?

샤우칭: 나는 간호사예요. 병원에서 일해요.

1. 가족관계를 나타내는 표현들

爷爷(할아버지)	奶奶(할머니)
外公(외할아버지, wàigōng)	外婆(외할머니, wàipó)
爸爸, 父亲(아버지)	妈妈, 母亲(어머니)
哥哥(형, 오빠)	姐姐(누나, 언니)
弟弟(남동생)	妹妹(여동생)

2. 격음부호

'a, o, e'로 시작하는 음절이 다른 음절의 뒤에 이어서 올 때 음절 간의 경계를 분명히 하기 위해 격음부호 '''를 사용하여 구분해 준다.

nǚ'er(女儿)
tiān'ānmén(天安门)

3. 한 가족의 식구 수를 물어볼 때

'你家有几口人?'은 가장 대표적으로 가족 수를 물어보는 말이다. 일반적으로 사람을 셀 때 중국어에서는 '个(개)' 또는 '名(명)'을 사용한다. 존칭으로 '位(분)'도 있다. 그러나 가족의 수를 묻는 양사로는 '口(입)'를 사용한다.

비교: 一个(한 명)
　　　一名(한 명)
　　　一位(한 분)
　　　一口(식구가 한 명)
你家有几口人? (당신 집 식구가 몇 명이에요?)
你姐姐家有几口人? (당신 언니집의 식구가 몇 명이에요?)

4. 한 가족의 구성원을 물어볼 때

'你家有谁?' 또는 '你家有什么人?'는 한 가족의 구성원이 어떻게 되는지를
물어볼 때 가장 많이 사용되는 문장이다.
　　　A: 你家有谁?
　　　B: 有爸爸、妈妈、哥哥和我。

　　　A: 你家有什么人?
　　　B: 有爱人、一个儿子、一个女儿和我。

5. 직업을 물어볼 때

중국어에는 직업을 묻는 문형이 아주 많다. 그중에서 가장 대표적인 경우는
'你做什么工作?' 또는 '你是做什么工作的?' '你在哪儿工作?' 등이 있다.

1) '你做什么工作?'는 직역하면 '당신은 무슨 일을 하십니까?'라는 의미로
　 '당신의 직업이 무엇입니까'라는 뜻으로 사용된다.
　　예 A: 你做什么工作? (직업이 뭐예요?)
　　　 B: 我是老师。 (선생이에요.)

2) '你是做什么工作的?'는 직역하면 '당신은 무슨 일을 하는 사람입니까?'라
　 는 의미로 '당신의 직업이 무엇입니까'라는 뜻으로 사용된다.

예 A: 你是做什么工作的? (직업이 뭐예요?)
   　B: 我是护士。(나는 간호사예요.)

3) '你在哪儿工作?' 직역하면 '당신은 어디에서 일합니까?'라는 의미로 '어디에서 근무합니까?'라는 뜻으로 사용된다.
   예 A: 你在哪儿工作? (어디에서 근무합니까?)
   　B: 我在医院工作。(나는 병원에서 근무해요.)
   　B: 在学校教汉语。(나는 학교에서 중국어를 가르쳐요.)

6. '有'자문

동사술어문으로 '有'는 소유, 존재, 추정 등의 뜻으로 다양하게 쓰인다.

1) '有'가 소유를 나타낼 때
   'A는 B를 가지고 있다'
   　我有书。(나는 책이 있다.)

2) '有'가 존재를 나타낼 때
   'A에 B가 있다'
*** '有'가 존재를 나타낼 때는 '有' 앞에 '위치'가 오고 '有' 뒤에 '사람, 사물'이 온다.
   　桌子上有一本词典。(탁자 위에 사전 한 권이 있다.)
   　위치(탁자 위에)　사물(사전 한 권)

3) '有'가 추정을 나타낼 때
   'A는 B나(정도) 된다(나간다)'
   　有1米高。(높이가 1미터 정도 된다.)

   부정형은 '没有'이다.
   　我没有书。(나는 책이 없다.)

阿萍: 我有一个妹妹，读大学。
阿龙: 她在哪儿读书?
阿萍: 在北京大学读书。
阿龙: 读哪个系?
阿萍: 读电脑系。

아핑: 여동생이 하나 있는데 대학 다녀요.
아룽: 무슨 대학에서 공부해요?
아핑: 북경대학에서 공부해요.
아룽: 무슨 과예요?
아핑: 컴퓨터학과예요.

老师: 你有汉语书吗?
学生: 有。
老师: 你有几本?
学生: 有两本。

선생님: 중국어책 있어요?
학생: 있어요.
선생님: 몇 권 가지고 있어요?
학생: 두 권 가지고 있어요.

读//书 dúshū 공부하다   商人 shāngrén 상인

哪个 nǎge 어느 것   两 liǎng 두, 둘

系 xì 학과   警察 jǐngchá 경찰

工程师 gōngchéngshī 설계사, 엔지니어링

演员 yǎnyuán 연기자   厨师 chúshī 요리사

运动员 yùndòngyuán 운동선수   记者 jìzhě 기자

公司职员 gōngsīzhíyuán 회사직원

연습문제

1. 밑줄 친 부분을 주어진 단어로 대체해서 연습해보세요.

1) A: 你家有几口人?

　 B: 我家有四口人,

　　　　　　　　　　　　　　6

　　　　　　　　　　　　　　2

　　　　　　　　　　　　　　5

2) A: 你有没有兄弟姐妹?

　 B: 我有一个哥哥。

　　　　　　　　　　　　姐姐 2

　　　　　　　　　　　　弟弟 1, 妹妹 1

　　　　　　　　　　　　妹妹 2, 哥哥 1

3) A: 你家有谁?

   B: 有<u>爸爸</u>、<u>妈妈</u>、<u>弟弟</u>和我。

   爸爸、妈妈、姐姐

   爷爷、爸爸、妈妈、

   爸爸、妈妈、姐姐 2

   爸爸、妈妈、 弟弟 1, 妹妹 1

4) A: 他有几个孩子?

   B: 他有<u>一个儿子</u>和<u>一个女儿</u>。

   儿子 2

   女儿 1

   儿子 2, 女儿 2

5) A: 你爸爸做什么工作?

   B: 他是<u>老师</u>。

   医生

   护士

   警察

   演员

   工程师

6) A: 你是做什么工作的?

   B: 我是<u>护士</u>。

   医生

   公司职员

   警察

   演员

   运动员

7) A: 你在哪儿工作?

   B: 我在<u>医院</u>工作。

                                            学校

2. 다음 문장을 중국어로 옮기세요.

1) 식구가 몇 명이에요?

2) 직업이 뭐예요?

3) 어디에서 근무하세요?

4) 아이가 몇이에요?

5) 집의 구성원이 어떻게 됩니까?

第七课 你去哪儿?

Dìqīkè Nǐ qù nǎr?

제7과 어디 가세요?

生词(새단어)

哪儿 nǎr 어디

首尔 Shǒu'ěr 서울

上海 Shànghǎi 상해

广州 Guǎngzhōu 광주

地铁 dìtiě 지하철

小心 xiǎoxīn 조심하다

飞机 fēijī 비행기

回 huí 되돌아가다, (집에) 가다

上/学 shàngxué 학교에 가다, 학교에 다니다

骑 qí (말, 자전거 등)타다

回/家 huíjiā 집에 가다

对不起 duìbuqǐ 미안하다

北京 Běijīng 북경

书店 shūdiàn 서점

坐 zuò 앉다, 타다

路上 lùshang 길에서

现在 xiànzài 지금, 현재

对 duì 맞다

打的 dǎdī 택시를 타다

在善: 你去哪儿?
Zàishàn: Nǐ qù nǎr?

小青: 我去首尔见朋友。
Xiǎoqīng: Wǒ qù Shǒu'ěr jiàn péngyou。

在善: 坐什么去?
Zàishàn: Zuò shénme qù?

小青: 坐地铁去。
Xiǎoqīng: Zuò dìtiě qù。

在善: 路上小心。
Zàishàn: Lù shang xiǎoxīn。

美英: 现在你去哪儿?
Měiyīng: Xiànzài nǐ qù nǎr?

小萍: 我坐飞机回上海。
Xiǎopíng: Wǒ zuò fēijī huí Shànghǎi.

美英: 你家在上海吗?
Měiyīng: Nǐ jiā zài Shànghǎi ma?

小萍: 对,我家在上海。
Xiǎopíng: Duì, Wǒ jiā zài Shànghǎi.

美英: 在上海有朋友吗?
Měiyīng: Zài Shànghǎi yǒu péngyou ma?

小萍: 有。他在上海上学。
Xiǎopíng: Yǒu. Tā zài Shànghǎi shàng xué.

(본문 1)

재선: 어디 가요?

샤우칭: 나는 서울에 친구 만나러 가요.

재선: 무엇을 타고 가요?

샤우칭: 지하철을 타고 가요.

재선: 길에서 조심하세요.

(본문 2)

미영: 지금 어디에 가요?

아핑: 비행기 타고 상해 집에 가요.

미영: 집이 상해예요?

아핑: 네, 우리 집은 상해에 있어요.

미영: 상해에 친구가 있어요?

아핑: 있어요. 그는 상해에서 학교에 다녀요.

1. ‘在’자문

동사 ‘在’는 ‘ ~에 있다’라는 존재의 의미를 나타낸다. 존재를 나타낼 때는 ‘在’ 앞에 사물 또는 사람이 오고 ‘在’ 뒤에 위치가 온다. 동사 ‘在’의 부정은 앞에 부정부사 ‘不’를 붙이는 것이다.

```
사람   +  (不) 在   +   장소를 나타내는 명사
(사물)               위치
```

我 在 家。(나는 집에 있다.)
我 不 在 家。(나는 집에 없다.)

2. 연동문

동사술어문에서 동사나 동사구가 연속해서 두 개 이상이 함께 쓰이고 동일한 주어를 가질 때 이런 문장을 연동문(连动句)이라고　한다. 연동문에서 앞의 동사와 뒤의 동사는 목적, 수단이나 방법, 용도 등 다양한 관계를 갖는다.

주어 + 동사 1 + (목적어 1) + 동사 2 + 목적어 2
　　　　我去首尔见我朋友。(나는 서울에 친구 만나러 간다.)
　　　　我坐地铁回家。(나는 지하철 타고 집에 간다.)

3. 교통수단

무엇을 타고 어디에 가다는 '坐 (什么车) 去(哪里)'의 형식으로 연동문에 속한다. 일반적으로 의자에 앉는 자세로 탈 수 있는 모든 교통수단은 '坐'가 쓰이며 구어체(회화체)에서는 '打'가 쓰이기도 한다. 그리고 자전거 등 기마자세로 타는 것은 '骑'가 쓰인다.

```
坐
打      ~        去 ~
骑 (자전거)
```

A: 坐什么回去? (무엇 타고 집에 가요?)
B: 坐飞机回去。(비행기 타고 집에 가요.)

A: 坐船怎么样? (배 타는 거 어때요?)
B: 坐船不方便。(배 타는 건 불편해요.)

A: 你坐什么回家?　　(무엇을 타고 집에 가요?)
B: 我打的回家。(택시 타고 집에 가요.)

A: 你骑自行车去哪儿? (자전거 타고 어디에 가요?)
B: 我骑车去学校。(자전거 타고 학교에 가요.)

4. 打的

'打的'라는 표현에서 '打'는 '택시를 잡는다', '택시를 타다'라는 뜻의 동사이며 '的'는 '的士'의 줄임말로 택시를 가리킨다. '打的去'는 '택시를 타고 가다'라는 뜻으로 해석한다.

我打的回家。(택시 타고 집에 간다.)

5. 去와 回

'去'는 '어디에 가다'라는 뜻으로 사용된다. 중국어에서 특히 '回'의 용법에 주의해야 한다. 출발시점으로 되돌아가는 것은 '回'만 사용된다. '去'는 사용되지 않는다.

我回家。(집에 간다.)

我去学校。(학교에 간다.)

我去家。(×)

我回学校。(나는 학교에서 공부하다가 잠깐 외출했거나 또는 학교 기숙사에 거주하는 경우에 사용한다. 당연히 가야 하는 곳, 출발한 곳으로 되돌아간다는 뜻이 내포된다.)

회화연습 1

老师: 你家在哪儿?

学生: 我家在广州。

老师: 你坐什么回广州?

学生: 坐火车回广州。

老师: 你在首尔干什么?

学生: 我在首尔读书。

선생님: 집이 어디니?

학생: 우리 집은 광주예요.

선생님: 무엇을 타고 광주에 가니?

학생: 기차 타고 광주에 가요.

선생님: 너는 서울에서 무얼 하니?

학생: 전 서울에서 공부해요.

阿龙: 现在你去哪儿?
阿萍: 我去书店买书。
阿龙: 那我也去。
阿萍: 好，我们一起走吧。

아룽: 지금 어디 가?
아핑: 난 책 사러 서점 가.
아룽: 그럼 나도 갈래.
아핑: 좋아. 우리 같이 가자.

在善: 你在哪儿学习普通话?
美英: 我在大学学习。
在善: 你不去中国学习吗?
美英: 我想明年去。

재선: 어디에서 중국표준어를 배워요?
미영: 난 대학에서 배워요.
재선: 중국에 가서 배우지 않아요?
미영: 내년에 가려고 해요.

公共汽车 gōnggòngqìchē 버스　　　　书店 shūdiàn 서점
想 xiǎng(조) ~하고 싶다　　　　　火车 huǒchē 기차
明年 míngnián 내년　　　　　　　学习 xuéxi 공부하다
自行车 zìxíngchē 자전거　　　　　出租汽车 chūzūqìchē 택시
走路 zǒulù 걸어서　　　　　　　　走 zǒu 가다, 걷다
买 mǎi 사다　　　　　　　　　　大学 dàxué 대학

연습문제

1. 밑줄 친 부분을 주어진 단어로 대체해서 연습해보세요.

1) A: 你去哪儿?
   B: 我去上海 见朋友。

   首尔　老师
   书店　买书
   北京　学习
   上海　上学

2) 你坐什么去?
   我坐飞机去。

   地铁
   (骑)自行车
   走路
   出租汽车

3) A: 你去哪儿?
　　B: 我回家。

　　　　　　　　　　　去上海
　　　　　　　　　　　上学
　　　　　　　　　　　去首尔
　　　　　　　　　　　去书店
　　　　　　　　　　　去中国

2. 다음 문장을 중국어로 옮기세요.

1) 어디에 가요?

2) 집에 가요.

3) 뭐 타고 학교에 가요?

4) 자전거 타고 학교에 가요.

5) 버스 타고 집에 가요.

MEMO

第八课 今天几月几号?

Dìbākè Jīntiān jǐ yuè jǐ hào?

제8과 오늘은 몇 월 며칠이에요?

生词(새단어)

儿童节	értóngjié 어린이날	生日	shēngrì 생일
庆祝	qìngzhù 축하하다	刚好	gānghǎo 딱~ 좋다
班	bān 반	北京	Běijīng 북경
几	jǐ 몇, 얼마	月	yuè 월
号	hào 일(날짜)	今天	Jīntiān 오늘
星期	xīngqī 요일	时候	shíhou 때, 시간
多少	duōshao 몇, 얼마	天	tiān 날
还有	hái yǒu 아직 ~ 있다, 또		
什么时候	shénmeshíhou 언제		

小龙：今天几月几号？

Xiǎolóng: Jīntiān jǐ yuè jǐ hào?

小萍：今天五月五号。

Xiǎopíng: Jīntiān wǔ yuè wǔ hào。

小龙：今天星期几？

Xiǎolóng: Jīntiān xīngqījǐ?

小萍：今天星期天。是韩国的儿童节。

Xiǎopíng: Jīntiān xīngqītiān。Shì Hánguó de értóngjié。

小青: 英美的生日是什么时候?
Xiǎoqīng: Yīngměi de shēngrì shì shénmeshíhou?

在善: 她的生日是六月二十五号。
Zàishàn: Tā de shēngrì shì liù yuè èrshíwǔ hào。

小青: 还有多少天呢?
Xiǎoqīng: Hái yǒu duōshao tiān ne?

在善: 刚好有一个月。
Zàishàn: Gānghǎo yǒu yí ge yuè。

小青: 我们一起去她家庆祝, 好吗?
Xiǎoqīng: Wǒmen yìqǐ qù tā jiā qìngzhù, hǎo ma?

在善: 好啊。
Zàishàn: Hǎo a。

(본문 1)

샤우룽: 오늘은 몇 월 며칠이에요?

샤우핑: 오늘 5월 5일이에요.

샤우룽: 오늘 무슨 요일이에요?

샤우핑: 오늘은 일요일이에요. 한국 어린이날이에요.

(본문 2)

샤우칭: 영미의 생일은 언제예요?

재선: 그녀의 생일은 6월 25일이에요.

샤우칭: 아직 며칠 남았어요?

재선: 아직 한 달 남았어요.

샤우칭: 우리 같이 그녀 집에 가서 축하해 주면 어때요?

재선: 좋아요.

문 법

1. 명사술어문

두 개의 명사나 명사구가 주어 부분과 술어 부분으로 쓰여 날짜, 요일, 출신, 나이, 시간 등을 나타내는 문장을 말한다. 이때 동사 '是'를 넣어도 뜻은 변하지 않는다.

> 我(是)首尔人。(출신)
> 今天(是)五月五号。(날짜)

명사술어문을 부정할 때에는 반드시 동사 '是'를 써서 '不是'의 형태로 써야 한다.

> 我不是首尔人。
> 今天不是五月五号。

2. ~, 好吗?

'~, 好吗?'는 '~ 하는 게 어때요?'라는 의미로, 상대방의 의견을 배려하는 의문문으로 자신의 생각, 의견, 요구사항을 말하고 나서 상대방의 의견을 구하고자 할 때 자주 쓰이는 표현이다. 이에 동의할 때 '좋습니다'의 뜻으로 '好(啊)'라고 대답한다. '好' 외에도 '行', '可以(kěyǐ)', '怎么样(zěnmeyàng)' 등 표현이 자주 쓰인다. 모두 다 '좋다, 괜찮다, 어떠하다'의 뜻이다. 그러나 상대방의 제안을 거절해야 할 경우에는 '不行'을 사용할 수 있고, '对不起'라고 말한 후 그 이유를 설명하면 된다.

A: 我们一起去她家庆祝, 好吗?
B: 好啊!

A: 我们一起去她家庆祝, 好吗?
B: 对不起, 不行, 我今天很忙。

A: 我们一起去她家庆祝, 行吗?
B: 行啊!

3. 几와 多少 의문사

'几'와 '多少'는 수를 물어볼 때 사용하는 의문문으로 주어, 목적어, 서술어, 관형어, 부사어 그리고 보어 등에 모두 쓰인다. 이때 '几'와 '多少'는 '얼마', '몇'으로 번역된다.

수 혹은 수량을 물어볼 때 '几'는 보통 10 이하의 숫자를, '多少'는 10 이상 혹은 정해지지 않은 수를 물을 때 사용한다. 그리고 '几'는 양사 생략 불가능하나, '多少'는 양사 생략 가능하다.

还有多少天呢? (며칠, 얼마 동안)
今天几月几号?
有几位教授?
你们系里有多少(个)学生? ('多少'는 양사 생략 가능)

4. 의문대명사 什么时侯

'언제'라는 뜻으로 날짜, 요일, 시간 등을 물을 때 포괄적으로 사용하는 의문 내명사이다.

英美的生日是什么时候?
你什么时候来?

5. 啊 어기조사

'啊'는 평서문의 문장 끝에 쓰여 긍정, 찬성, 재촉, 당부 등의 말투를 나타낼 때 사용하는 표현이다.

A: 我们一起去她家庆祝, 好吗?
B: 好啊!
(行啊!)

6. 연도 읽는 법

우리는 연을 읽을 때, '이천구년'이라고 읽지만 중국어에서는 그 숫자 하나하나를 각각 읽어 준다.
2009년은 二零零九年(èr líng líng jiǔ nián)이라고 읽는다.
2010년은 二零一零年(èr líng yī líng nián)이라고 읽는다.

7. 월, 일 표현

우리와 마찬가지로 숫자 뒤에 '月'와 '号'를 붙여 읽어 주면 된다. '日'는 문어체(문장체)에서 사용하고 구어체(회화체)에서는 주로 '号'를 사용한다. 같은 뜻이면 중국인들도 읽기 편한 발음을 선호한다.

9月 22日(주로 글로 쓸 때)
9月 22号(주로 말을 할 때)

8. 요일 표현

요일은 '星期' 뒤에 '一'에서 '六'까지 붙여 주면 된다. 다만, 일요일은 '星期天' 혹은 '星期日'로 표현한다. '星期' 대신 '礼拜'도 많이 쓰인다.

2009年 9月 22号 星期二(二零零九年 九月 二十二号 星期二)

월요일	화요일	수요일	목요일	금요일	토요일	일요일
星期一	星期二	星期三	星期四	星期五	星期六	星期天 星期日
礼拜一	礼拜二	礼拜三	礼拜四	礼拜五	礼拜六	礼拜天 礼拜日

9. 숫자 읽기

> 零　一　二　三　四　五　六　七
> 八　九　十　百　千　万　亿

숫자를 읽는 방법은 기본적으로 한국어 숫자 읽기와 비슷하다. 다만 백, 천, 만, 억 단위의 숫자가 1일 경우 중국어에서는 반드시 숫자 '一'를 읽어 주어야 한다.

1백　一百　yì bǎi
1천　一千　yì qiān
1만　一万　yí wàn
1억　一亿　yí yì

110　一百一(十)
111　一百一十一
101　一百零一

1600　一千 六(百)

1060　一千 零六十
1006　一千 零六

17000　一万七(千)
10700　 一万零七百
10070　一万零七十
10007　一万零七

22000　二万二千, 两万两千

회화연습 1

老师: 你们系里有多少学生?
学生: 有三十个学生。
老师: 有几位教授?
学生: 七位教授。

선생님: (너희) 과 학생이 몇 명이에요?
학생: 30명이에요.
선생님: 교수님 몇 분이 계세요?
학생: 교수님 일곱 분이 계세요.

회화연습 2

在善: 你什么时侯来韩国的?
小青: 上个月。
在善: 一个星期去学校几天?
小青: 三天。星期一, 星期三和星期五去。

재선: 언제 한국에 왔어요?

샤우칭: 저번 달에요.

재선: 일주일에 몇 번 학교에 가요?

샤우칭: 3일요. 월요일, 수요일과 금요일에 가요.

회화연습 3

阿龙: 美英什么时侯来韩国?

阿萍: 后天。

阿龙: 后天是几号?

阿萍: 是七月十二号。

阿龙: 你什么时侯去中国?

阿萍: 放假的时候。

阿龙: 你去中国哪儿?

阿萍: 北京。

아룽: 미영이는 언제 한국에 와요?

아핑: 모레요

아룽: 모레가 며칠이에요?

아핑: 7월 12일이에요.

아룽: (당신은) 언제 중국에 가요?

아핑: 방학 때요.

아룽: 중국 어디에 가요?

아핑: 북경에요.

날(今天)과 해(今年)

大前天 dà qián tiān 그그저께	前天 qián tiān 그저께	昨天 zúo tiān 어제	今天 jīn tiān 오늘	明天 míng tiān 내일	后天 hòu tiān 모레	大后天 dà hòu tiān 글피
大前年 dà qián nián 재재작년	前年 qián nián 재작년	去年 qù nián 작년	今年 jīn nián 올해	明年 míng nián 내년	后年 hòu nián 후년	大后年 dà hòu nián 내후년

요일과 달

上(个)星期 shàng(ge)xīng qī 저번 주	这(个)星期 zhè(ge)xīng qī 이번 주	下(个)星期 xià(ge)xīng qī 다음 주
上个月 shàng ge yue 저번 달	这个月 zhè ge yuè 이번 달	下个月 xià ge yuè 다음 달

一个月 yígeyuè 1개월   两个月 liǎnggeyuè 2개월
一个星期 yígexīngqī 1주일   两个星期 liǎnggexīngqī 2주일
教授 jiàoshòu 교수   位 wèi(양) 분
放/假 fàngjià 방학을 하다

1. 다음 질문에 주어진 단어를 넣어 대답해보세요.

1) A: 你什么时候去中国?

   B: _____。

                            这(个)星期
                            下个月
                            一月
                            明天
                            放假的时候

2) A: 后天是几号?

   B: _____。

                            7号
                            10号
                            24号
                            19号

3) A: 英美的生日是什么时候?

   B: _____。

                            八月二十四号
                            下个月三号
                            九月十六号
                            大后天

4) A: 今天星期几?

   B:_____。

星期五
星期天
星期六
礼拜四

2. 다음 문장을 중국어로 옮기세요.

1) 언제 중국에 가요?

2) 오늘은 무슨 요일이에요?

3) 당신의 생일은 언제예요?

4) 오늘은 몇 월 며칠이에요?

5) 내일은 무슨 요일이에요?

第九课 现在几点?

Dìjiǔkè Xiànzài jǐ diǎn?

제9과 지금 몇 시예요?

生词(새단어)

点 diǎn 시　　　　　　　　　分 fēn 분

刻 kè 15분　　　　　　　　上班 shàngbān 출근하다

看 kàn 보다　　　　　　　　电影 diànyǐng 영화

晚饭 wǎnfàn 저녁밥(식사)

打 dǎ 때리다, 타다, (전화를) 걸다

赶紧 gǎnjǐn 얼른, 서두르다　　行 xíng 되다, 걷다

船 chuán 배　　　　　　　　方便 fāngbiàn 편리하다

车 chē 차　　　　　　　　　准备 zhǔnbèi 준비하다

那 nà 그럼　　　　　　　　　时间 shíjiān 시간

先 xiān 먼저　　　　　　　　饭 fàn 밥

差 chà 차이, (시간) ~ 전　　吃 chī 먹다

早晨 zǎochén 새벽, 이른 아침

小青：现在几点？
Xiǎoqīng: Xiànzài jǐ diǎn?

在善：七点四十分。
Zàishàn: Qīdiǎn sìshífēn。

小青：你几点上班？
Xiǎoqīng: Nǐ jǐ diǎn shàngbān?

在善：我八点一刻上班。
Zàishàn: Wǒ bādiǎn yíkè shàngbān。

小青：你没有时间了。
Xiǎoqīng: Nǐ méiyǒu shíjiān le。

在善：你几点上学？
Zàishàn: Nǐ jǐ diǎn shàngxué?

小青：八点半上学。
Xiǎoqīng: Bādiǎn bàn shàngxué。

在善：那赶紧准备吧。
Zàishàn: Nà gǎnjǐn zhǔnbèi ba。

小龙: 一起去看电影，好吗?
Xiǎolóng: Yìqǐ qù kàn diànyǐng, hǎo ma?

小萍: 好啊，什么时侯去?
Xiǎopíng: Hǎo a, shénmeshíhou qù?

小龙: 晚上六点，行吗?
Xiǎolóng: Wǎnshang liùdiǎn, xíng ma?

小萍: 行啊。那我们先去吃晚饭。
Xiǎopíng: Xíng a。 Nà wǒmen xiān qù chī wǎnfàn。

小龙: 好吧。
Xiǎolóng: Hǎo ba。

(본문 1)

샤오칭: 지금 몇 시예요?

재선: 7시 40분이에요.

샤오칭: 몇 시에 출근하세요?

재선: 8시 15분요.

샤오칭: 시간이 없네요.

재선: 몇 시에 학교 가요?

샤오칭: 8시 반에 학교 가요.

재선: 그럼 서둘러 준비해요.

(본문 2)

샤우룽: 같이 영화 보러 가실래요?

샤우핑: 좋아요, 언제 가요?

샤우룽: 저녁 6시 괜찮아요?

샤우핑: 괜찮아요. 그럼 우리 먼저 저녁 먹으러 가요.

샤우룽: 좋아요.

문 법

1. 시간을 읽는 방법

2：00	两点
12：05	十二点五分,　　十二点零五分
8：15	八点十五(分),　　八点一刻
8：30	八点三十(分),　　八点半
8：45	八点四十五(分),　　八点三刻, 差一刻九点
8：55	八点五十五(分),　　差五分九点, 九点差五分

2. 시간사

　시간을 나타내는 명사는 주어, 술어, 관형어, 부사어로 쓰일 수 있다. 시간명사는 문장 맨 앞에, 주어의 앞에 올 수도 있고, 주어의 뒤에 부사 위치에 올 수도 있다.

　　　现在五点了。(명사술어문)
　　　我看八点的电影。(관형어)
　　　今天十号。(명사술어문)
　　　我明天去中国。(부사 위치)
　　　明天我去中国。(문장 맨 앞에)

3. 还

　　'还'는 긍정문에서는 첨가의 의미를 갖고 있어 '또', '그리고'의 뜻을 나타내고, 부정문에서는 '아직'이라는 뜻으로 많이 쓰인다. '还有~'는 '그리고 또'의 뜻을 나타내며 '还没有~'는 '아직 ~를 하지 않았다', '아직 ~이/가 없다'의 의미로 쓰인다.

> 还有书。(그리고, 또 책이 있다.)
> 还没有书。(아직 책이 없다.)
> 还没有去。(아직 안 갔다.)

4. 太 + 형용사 + 了

　　'太 + 형용사 + 了'는 놀람, 기쁨 또는 아주 좋지 않은 감정 등을 강조하는 표현이다. 주로 '정말 ~하구나'(긍정) 혹은 '너무 ~하구나.'(부정)라는 뜻을 나타낸다.

> 太好了! (정말 좋구나!)
> 太贵了! (너무 비싸구나!)

회화연습 1

老师: 你每天早晨几点起床?
学生: 差十分七点。
老师: 坐几点的车?
学生: 我坐八点半的车。

선생님: 매일 아침 몇 시에 일어나요?
학생: 10분 전 7시요.
선생님: 몇 시 차 타요?
학생: 8시 반 차를 타요.

회화연습 2

阿龙: 你什么时候回中国?
阿萍: 下个月。
阿龙: 我也是下个月回家。我们一起去, 好吗?
阿萍: 好啊。坐什么回去?
阿龙: 坐飞机回去。
阿萍: 坐船怎么样?
阿龙: 坐船不方便。
阿萍: 那我们坐飞机一起回去吧。

아룽: 언제 중국에 가요? (귀국하다)
아핑: 다음 달에요.
아룽: 나도 다음 달에 집에 가요. 우리 같이 가는 거 어때요?
아핑: 좋아요. 뭐 타고 가요?
아룽: 비행기 타고 가요.
아핑: 배 타고 가는 거 어때요?
아룽: 배 타고 가는 것은 불편해요.
아핑: 그럼 우리 같이 비행기 타고 귀국해요.

老师: 你每天几点睡觉?
学生: 差十分十二点睡觉。
老师: 你几点起床?
学生: 我六点一刻起床。
老师: 那你几点吃早饭?
学生: 我七点吃。

선생님: 너는 매일 몇 시에 자니?
학생: 10분 전 12시에 자요.
선생님: 몇 시에 일어나니?
학생: 6시 15분에 일어나요.
선생님: 그럼 몇 시에 아침을 먹니?
학생: 7시에 먹어요.

어휘 플러스

上/班 shàngbān 출근하다 ↔ 下/班 xiàbān 퇴근하다
开/会 kāihuì 회의를 열다 ↔ 散/会 sànhuì 회의를 끝마치다
上/学 shàngxué 등교하다, 학교에 다니다 ↔ 放/学 fàngxué 하교하다
开/学 kāixué 개학하다 ↔ 放/假 fàngjià 방학하다
起/床 qǐchuáng 일어나다 ↔ 睡/觉 shuìjiào 잠을 자다
早饭 zǎofàn 아침밥(식사) 午饭 wǔfàn 점심밥(식사)
晚饭 wǎnfàn 저녁밥(식사) 早晨 zǎochén 새벽, 이른 아침
晚上 wǎnshang 저녁, 밤 上午 shàngwǔ 오전
中午 zhōngwǔ 정오, 점심시간 下午 xiàwǔ 오후
前晚 qiánwǎn 그저께 저녁(밤) 昨晚 zuówǎn 어제 저녁(밤)
今晚 jīnwǎn 오늘 저녁(밤) 明晚 míngwǎn 내일 저녁(밤)

1. 밑줄 친 부분을 주어진 단어로 대체해서 연습해보세요.

1) 你每天几点<u>睡觉</u>?

起床
吃早饭
上学
放学
上班
吃午饭
吃晚饭

2) 我<u>坐飞机</u>去<u>中国</u>。

坐　船　中国
骑　自行车　学校
坐　火车　首尔

2. 다음 질문에 주어진 단어를 넣어 대답해보세요.

A: 你每天几点起床?

B: _____。

6：30
7：15
6：45
7：02
7：20

3. 다음 문장을 중국어로 옮기세요.

1) 넌 몇 시에 학교 가니?

2) 지금 몇 시예요?

3) 당신은 몇 시에 출근해요?

4) 언제 중국에 돌아가요?

5) 매일 몇 시에 일어나요?

第十课 您今年多大年纪?

Dìshíkè Nín jīnnián duōdàniánjì?

제10과 올해 연세가 어떻게 되십니까?

生词(새단어)

父亲 fùqin 부친, 아버지

年纪 niánjì 나이

公里 gōnglǐ 킬로미터

属 shǔ 띠, 띠가 ~이다

(老)虎 lǎohǔ 호랑이

多大 duōdà (사물) 얼마나 큰가? (사람) 몇 살인가?

(老)鼠 lǎoshǔ 쥐

兔 tù 토끼

蛇 shé 뱀

羊 yáng 양

鸡 jī 닭

猪 zhū 원숭이

岁数 suìshu 나이

长 cháng 길다

左右 zuǒyòu 약

岁 suì (나이의 양사) 세, 살

母亲 mǔqin 모친, 어머니

牛 niú 소

龙 lóng 용

马 mǎ 말

猴 hóu 원숭이

狗 gǒu 개

才 cái 겨우

学生: 老师，您今年多大年纪了**?**
xuésheng: Lǎoshī, nín jīnnián duōdàniánjì le?

老师: 我三十五岁了。你多大了**?**
lǎoshī: Wǒ sānshíwǔ suì le。 Nǐ duōdà le?

学生: 我十六岁。您属什么**?**
xuésheng: Wǒ shíliù suì。 Nín shǔ shénme?

老师: 我属老虎。
lǎoshī: Wǒ shǔ lǎohǔ。

学生: 您女儿今年几岁**?**
xuésheng: Nín nǚ'ér jīnnián jǐ suì?

老师: 她才六岁。
lǎoshī: Tā cái liù suì。

小龙: 你今年多大?
Xiǎolóng: Nǐ jīnnián duōdà?

小萍: 我十九岁了。
Xiǎopíng: Wǒ shíjiǔ suì le。

小龙: 你父母今年多大岁数了?
Xiǎolóng: Nǐ fùmǔ jīnnián duōdàsuìshu le?

小萍: 我父亲今年四十九, 我母亲今年四十六。
Xiǎopíng: Wǒ fùqin jīnnián sìshíjiǔ, Wǒ mǔqin jīnnián sìshíliù。

小龙: 他们身体好吗?
Xiǎolóng: Tāmen shēntǐ hǎo ma?

小萍: 他们身体都很好, 谢谢。
Xiǎopíng: Tāmen shēntǐ dōu hěn hǎo, xièxie。

(본문 1)

학생: 선생님, 올해 연세가 어떻게 되세요?

선생님: 난 서른다섯 살이에요. 학생은 몇 살이에요?

학생: 전 열여섯 살이에요. 선생님 무슨 띠세요?

선생님: 난 호랑이띠예요.

학생: 선생님의 따님은 올해 몇 살이에요?

선생님: 겨우 여섯 살이에요.

(본문 2)

샤우룽: 넌 올해 몇 살이니?

샤우핑: 난 열아홉 살이야.

샤우룽: 너 부모님은 올해 연세가 어떻게 되셔?

샤우핑: 아버지는 마흔아홉이시고, 어머니는 마흔여섯 살이셔.

샤우룽: 부모님께서는 건강하셔?

샤우핑: 응, 부모님께서는 모두 건강하셔, 고마워.

1. 나이를 묻는 표현

你今年多大?

나이를 물어보는 표현에는 여러 가지 방법이 있다. 동년배나 자기보다 나이가 적은 사람에게는 '多大'를 써서 보통 '你今年多大?'라고 표현하며, 10세 미만의 아이에게는 '你几岁了?' 혹은 '你今年几岁?'라고 묻는다. 그리고 직접적으로 나이를 묻기보다 띠를 물어보기도 한다. 이때 동사 '属(띠가 ~이다)'를 사용한다.

중국어에서는 상대방의 연령층에 따라 나이를 묻는 표현이 다양하다.

  1) 동년배나 자신보다 나이가 적은 경우
      你(今年)多大(了)?

  2) 10세 미만의 어린이일 경우
      你(今年)几岁?

  3) 낯선 사람 혹은 자기보다 나이가 많은 경우
      (주로 나이가 많은 사람에 대해 쓰임)
      您多大岁数?
      您多大年纪?

  4) 띠를 묻는 경우
      你属什么?

2. 你属什么?

나이를 묻는 대신에 띠를 물어볼 수도 있다. 12개의 띠는 다음과 같다. 12개 띠 중 특히 용띠를 매우 좋아하며 '쥐'와 '호랑이' 앞에는 '老'를 붙여서 말하는 습관이 있다.

> A: 你属什么? (무슨 띠예요?)
> B: 我属老虎。 (호랑이띠예요.)

> (老)鼠　　牛　　(老)虎　　兔　　龙　　蛇
> 马　　羊　　猴　　鸡　　狗　　猪

3. 多의 용법

多는 형용사와 동사 앞에서는 부사가 되며 주로 의문문과 감탄문, 청유문에 많이 사용된다. 부사 '多'는 주로 적극성을 띠는 형용사, 즉 '大(크다)', '高(높다)', '长(길다)', '远(멀다)', '宽(넓다)', '深(깊다)' 등과 결합하여 정도 혹은 수량을 물어보는 의문문을 만드는 데 쓰인다. 그래서 '多大'는 '얼마나 큰가, 어느 정도 큰가요? (나이가 얼마나 많은가?)'를 의미한다.

> 多大? (duōdà)(얼마나 / 어느 정도 큽니까?)
> 多大! (얼마나 큰가!)

> 多高? (duōgāo)(얼마나 / 어느 정도 높습니까?)
> 多高! (얼마나 높은가!)

> 多长? (duōcháng)(얼마나 / 어느 정도 깁니까?)
> 多长! (얼마나 긴가!)

> 多远? (duōyuǎn)(얼마나 / 어느 정도 멉니까?)
> 多远! (얼마나 먼가!)

多宽? (duōkuān)(얼마나 넓습니까?)
多宽! (얼마나 넓은가!)

多深? (duōshēn)(얼마나 / 어느 정도 깊습니까?)
多深! (얼마나 깊은가!)

多重? (duōzhòng)(얼마나 / 어느 정도 무겁습니까?)
多重! (얼마나 무거운가!)

'多' 앞에 '有'를 쓰기도 하는데, 이때 의미는 변하지 않는다.

那座山(有)多高? (저 산은 어느 정도 높을까요?)
这件衣服多大号? (이 옷은 사이즈가 몇이에요?)

美英: 你父母多大年纪了?
小青: 我父亲六十七, 我母亲六十五了。
美英: 他们在哪儿住?
小青: 现在在北京住。

미영: 부모님 연세가 어떻게 되세요?
샤우칭: 아버지는 예순일곱이시고, 어머니는 예순다섯 살이세요.
미영: 그들은 어디에 사세요?
샤우칭: 지금 북경에 사세요.

小龙: 你有多高?

小萍: 有一米六, 你呢?

小龙: 有一米七三。你有多重?

小萍: 有一百斤, 你呢?

小龙: 有一百二十四斤。

샤우룽: 키가 한 얼마나 되니?

샤우핑: 한 1미터 60 정도, 너는?

샤우룽: 한 1미터 73 정도. 몸무게는 한 얼마나 되니?

샤우핑: 한 50킬로 정도, 너는?

샤우룽: 한 62킬로 정도 돼.

어휘 플러스

斤 jīn 근		住 zhù 살다
高 gāo 높다	↔	低 dī 낮다
高 gāo (키) 크다	↔	矮 ǎi (키) 작다
大 dà 크다, 나이가 많다	↔	小 xiǎo 작다, 어리다
年轻 niánqīng 젊다	↔	老 lǎo 늙다
远 yuǎn 멀다	↔	近 jìn 가깝다
难 nán 어렵다	↔	容易 róngyì 쉽다
快 kuài 빠르다	↔	慢 màn 느리다
贵 guì 비싸다	↔	便宜 piányi 싸다
轻 qīng 가볍다	↔	重 zhòng 무겁다
宽 kuān 넓다	‹ ›	窄 zhǎi 좁다
深 shēn 깊다	↔	浅 qiǎn 얕다

1. 밑줄 친 부분을 주어진 단어로 대체해서 연습해보세요.

1) A: 你今年<u>多大</u>了?

   B: 我<u>十九</u>岁了。

$$多大年纪, 69$$
$$多大岁数, 72$$
$$几岁, 3$$

2) A: 你<u>父母</u>今年多大岁数了?

   B: 我<u>父亲</u>今年<u>四十九</u>, 我<u>母亲</u>今年<u>四十六</u>。

$$爷爷, 奶奶, 63, 62$$
$$外公(외할아버지, wàigōng)$$
$$外婆(외할머니, wàipó)$$
$$59, 56$$

3) A: 你属什么?

   B: 我属<u>老虎</u>。

(老)鼠　牛　(老)虎　兔　龙　蛇
马　羊　猴　鸡　狗　猪

2. 다음 문장의 뜻을 쓰세요.

多大?	多大!
多高?	多高!
多长?	多长!
多远?	多远!
多宽?	多宽!
多深?	多深!
多重?	多重!

3. 다음 문장을 중국어로 옮기세요.

1) 몇 살이니?

2) 연세가 어떻게 되세요?

3) 무슨 띠예요?

4) 부모님 연세가 어떻게 되세요?

5) 오빠는 몇 살이에요?

MEMO

第十一课 这个多少钱?

Dìshíyīkè Zhège duōshao qián?

제11과 이것은 얼마입니까?

生词(새단어)

钱 qián 돈	草莓 cǎoméi 딸기
贵 guì 비싸다	选 xuǎn 고르다
便宜 piányi 싸다	给 gěi ~에게 ~을 주다
运动服 yùndòngfú 운동복	零钱 língqián 잔돈
买 mǎi 사다	别的 biéde 다른 것
元(块) yuán(kuài) 인민폐 원단위	
角(毛) jiǎo(máo) 인민폐 원 다음의 단위 0.1원에 해당	
分 fēn 인민폐 0.01원에 해당	(一)点儿 (yì)diǎnr 약간, 조금
那就 nàjiù 그럼	公斤 gōngjīn 킬로그램 kg
请 qǐng 청하다	双 shuāng 양쌍
要 yào 필요하다,	不要 búyào 필요 없다
找 zhǎo (돈) 거슬러 주다	售货员 shòuhuòyuán 판매원
服务员 fúwùyuán 종업원	一共 yígòng 모두, 총
瓶 píng 명,양병	杯 bēi 명,양잔
张 zhāng 장	只 zhī 마리
枝 zhī 개피, 송이	条 tiáo (강, 도로)개	件 jiàn (옷)벌
套 tào (옷)벌	辆 liàng (차)대	米 mǐ 미터
听 tīng 캔	碗 wǎn (그릇)공기	斤 jīn 근(500그램)

小萍: 一杯咖啡多少钱?
Xiǎopíng: Yì bēi kāfēi duōshao qián?

服务员: 三块五。
fúwùyuán: Sān kuài wǔ。

小萍: 我要三杯。
Xiǎopíng: Wǒ yào sān bēi。

一瓶矿泉水多少钱?
Yì píng kuàngquánshuǐ duōshao qián?

服务员: 两块八。
fúwùyuán: Liǎng kuài bā。

小萍: 我要两瓶。一共多少钱?
Xiǎopíng: Wǒ yào liǎng píng。Yígòng duōshao qián?

服务员: 一共十六块一。
fúwùyuán: Yígòng shíliù kuài yī。

小萍: 给你二十块。
Xiǎopíng: Gěi nǐ èrshí kuài。

服务员: 找你三块九。
fúwùyuán: Zhǎo nǐ sān kuài jiǔ。

小青: 这草莓一公斤多少钱?
Xiǎoqīng: Zhè cǎoméi yì gōngjīn duōshao qián?

售货员: 一公斤两块六。
shòuhuòyuán: Yì gōngjīn liǎng kuài liù。

小青: 太贵了。便宜(一)点儿吧。
Xiǎoqīng: Tài guì le。Piányi(yì)diǎnr ba。

售货员: 好吧。那就两块五吧。
shòuhuòyuán: Hǎo ba。Nà jiù liǎng kuài wǔ ba。

小青: 我要两公斤。
Xiǎoqīng: Wǒ yào liǎng gōngjīn。

在善: 有运动鞋吗?
Zàishàn: Yǒu yùndòngxié ma?

售货员: 有。请你来这里选吧。
shòuhuòyuán: Yǒu。 Qǐng nǐ lái zhèli xuǎn ba。

在善: 我要这双。给你钱。
Zàishàn: Wǒ yào zhè shuāng。 Gěi nǐ qián。

售货员: 你有零钱吗?
shòuhuòyuán: Nǐ yǒu língqian ma?

在善: 没有。
Zàishàn: Méiyǒu。

售货员: 还要买别的吗?
shòuhuòyuán: Hái yào mǎi biéde ma?

在善: 不要了。
Zàishàn: Bú yào le。

售货员: 找你钱。
shòuhuòyuán: Zhǎo nǐ qián。

(본문 1)

샤우핑: 커피 한 잔 얼마예요?

종업원: 3콰이 5마우예요.

샤우핑: 3잔 주세요. 생수 한 병 얼마예요?

종업원: 2콰이 8마우예요.

샤우핑: 2병 주세요. 모두 얼마예요?

종업원: 모두 16콰이 1마우예요.

샤우핑: 여기 20콰이 있어요.

종업원: 3콰이 9마우 거슬러 드릴게요.

(본문 2)

샤오칭: 이 딸기 킬로그램당 얼마예요?

판매원: 킬로그램당 2콰이 6마우예요.

샤오칭: 너무 비싸요. 좀 싸게 해 주세요

판매원: 네, 그럼 2콰이 5마우에 가져가세요.

샤오칭: 2킬로그램 주세요.

(본문 3)

재선: 운동화 있어요?

판매원: 네, 이쪽으로 오셔서 골라 보세요.

재선: 이걸로 주세요. 돈 여기 있어요.

판매원: 잔돈 있으세요?

재선: 없어요.

판매원: 또 다른 것 필요하세요?

재선: 필요 없어요.

판매원: 잔돈 거슬러 드릴게요.

```
┌─────────────────────────────────────────────┐
│                  문   법                       │
└─────────────────────────────────────────────┘
```

1. 조동사 '要'

'要'가 조동사로 쓰일 경우, 일반적으로 두 가지 의미를 나타낸다. 첫째는 개인의 의지이고 둘째는 당위성이다. 전자는 '~하려고 하다', 후자는 '~해야 하다'로 해석되며 이 경우 부정형이 다르게 쓰인다.

    1) 개인의 의지: '~하려고 하다'
     A: 我要买苹果, 你呢? (난 사과 사려고 하는데 너는?)
     B: 我不要买。(난 사고 싶지 않아.)

    2) 당위: '~해야 한다' 이때 부정문은 '不用'이다.
     A: 你要去工作吗? (일 하러 가야 하니?)
     B: 不用。(아니, 필요 없어.)

     A: 我要不要帮你? (제가 도와드릴까요?)
     B: 不用。(아니, 괜찮아.)

2. 不要了

‘不要了’는 ‘저지’를 나타내는 말로, ‘필요 없다’, ‘안 산다’와 같은 의미를 나타낸다.

> A: 你要吗? (사시겠어요?)
> B: 不要了。(안 사요.)

3. 给你钱

‘给你钱’을 직역하면 ‘(저는) 당신에게 돈을 드립니다.’가 되는데, 실제로는 ‘(돈) 여기 있습니다.’라는 의미로 계산을 할 때 돈을 내면서 하는 표현이다.

4. 양사

양사에는 사물의 수량을 나타내는 명량사와 동작의 횟수를 나타내는 동량사로 구분된다. 양사는 수사를 수반하는데 수사와 양사를 합해서 수량사라고 한다. 그리고 이 수량사는 반드시 같이 따라다니는데 만약에 양사만 있고 수사가 없을 경우에는 수사 ‘一’이 생략된 형태라고 보면 된다. (这(一)本书)

명량사: 명량사에서는 수량사의 위치가 명사 앞에 있다.

```
              (명량사)
       수사  +  양사  +  명사
      ____(수 량 사)_____
```

명량사	位(wèi 분)	个(gè 개)
	辆(liàng 대)	块(kuài 조각, 덩어리)
	张(zhāng 장)	只(zhī 마리)
	条(tiáo 줄, 항목)	件(jiàn 건, 벌)
	瓶(píng 병)	听(tīng 캔)
	碗(wǎn 그릇, 공기)	斤(jīn 근)
	米(mǐ 미터)	杯(bēi 잔)
	本(běn 권)	枝(zhī 자루, 개피)
	套(tào 세트)	

一瓶啤酒(맥주 한 병)　　一听可乐(콜라 한 캔)
两张票(표 두 장)　　两辆自行车(자전거 두 대)
一本词典(사전 한 권)　　三斤苹果(사과 세 근)

5. 돈을 세는 방법

인민폐(人民币)의 화폐 단위는 '元, 角, 分'으로 표기하며 구어체(회화체)에서는 보통 '块, 毛, 分'으로 표현한다.

一元(块)　＝　十角(毛)
一角(毛)　＝　十分

구어체에서 마지막 단위의 '毛'나 '分'은 생략할 수 있다.

3.45	三元四角五分,	三块四毛五(分)
15.18	十五元一角八分,	十五块一毛八(分)
7.30	七元三角,	七块三(毛)

중간의 빈 단위는 '零'으로 읽어 준다. 단, 2개 이상의 '零'이 있을 때에는 '零'을 한 번만 읽어 준다.

| 19.07 | 十九元零七分, 十九块零七分 |
| 27.06 | 二十七元零六分, 二十七块零六分 |

'块, 毛, 分' 가운데 하나의 단위만 쓰일 경우, 구어체에서는 마지막에 '钱' 자를 붙여 읽기도 한다.

10.00	十块(钱)
0.5	五毛(钱)
0.07	七分(钱)

'2'가 단독으로 양사와 같이 쓰이면 반드시 '两'으로 읽어 주어야 한다. 또한 '毛, 分' 단위에서는 '二' 또는 '两' 어떤 것으로 읽어도 상관없으며 다만 '2'에 양사가 붙지 않았을 경우에는 반드시 '二'로 읽어 주어야 한다.

2.00	两块
0.20	两毛
0.02	两分
2.20	两块二, 两块两毛
2.22	两块两毛二, 两块二毛二, 两块两毛两分

회화연습 1

阿龙: 我要换钱。 一块人民币换多少韩币?

银行职员: 一百五十三元韩币。 你要换多少?

阿龙: 我要换五百块人民币。

아룽: 환전하려고 해요. 인민폐 1콰이로 한국 돈 얼마를 바꿀 수 있어요?

은행직원: 한국 돈 153원이에요. 얼마 바꾸시겠습니까?

아룽: 인민폐 5백 원 바꾸려고 해요.

店员: 你要什么?

阿萍: 一杯咖啡多少钱?

店员: 两块五。

阿萍: 我要一杯咖啡和两杯牛奶。一共多少钱?

店员: 九块二。

阿萍: 给你十块。

店员: 找你八毛。

점원: 뭘 드릴까요?

아핑: 커피 한 잔 얼마예요?

점원: 2콰이 5마우예요.

아핑: 커피 한 잔하고 우유 두 잔 주세요. 모두 얼마예요?

점원: 9콰이 2마우예요.

아핑: 10콰이 여기 있어요.

점원: 잔돈 8마우 거슬러 드릴게요.

어휘 플러스

苹果 píngguǒ 사과	草莓 cǎoméi 딸기
梨子 lízi 배	西瓜 xīguā 수박
橘子 júzi 귤	西红柿 xīhóngshì 토마토
香瓜 xiāngguā 메론	香蕉 xiāngjiāo 바나나
波罗 bōluó 파인애플	桃子 táozi 복숭아
葡萄 pútao 포도	甜瓜 tiánguā 참외
猕猴桃 míhóutáo 키위	橙子 chéngzi 오렌지
李子 lǐzi 오얏	樱桃 yīngtáo 앵두
换 huàn 교환하다	人民币 rénmínbì 인민폐, 중국화폐
韩币 hánbì 한국 돈	银行职员 yínhángzhíyuán 은행직원

1. 주어진 단어를 사용하여 대화를 완성해보세요.

1) A: 一<u>杯咖啡</u>多少钱?

   B: <u>3块 5毛</u>。

   A: 给你 <u>10块</u>。

   B: 找你 <u>6块 5毛</u>。

杯	牛奶	2.3 / 10 / 7.7
瓶	啤酒	1.9 / 20 / 18.1
听	可乐	2.4 / 20 / 17.6
张	票	11 / 50 / 39
辆	自行车	560 / 600 / 40

2) A: 有<u>运动鞋</u>吗?

   B: 有。

   A: 一<u>双</u>多少钱?

草莓	斤
啤酒	瓶
词典	本
可乐	听
票	张
自行车	辆
苹果	斤

3) 这草莓一公斤多少钱?

苹果　　公斤

可乐　　听

西瓜　　斤

啤酒　　瓶

自行车　辆

2. 빈 칸에 들어갈 알맞은 양사를 쓰세요.

公斤　　张　　听　　本　　辆　　瓶

一 (　　) 啤酒

一 (　　) 可乐

两 (　　) 票

两 (　　) 自行车

一 (　　) 本词典

三 (　　) 苹果

3. 다음 문장을 중국어로 옮기세요.

1) 커피 한 잔 얼마예요?

2) 모두 얼마예요?

3) 운동화 있어요?

4) 20콰이 여기 있어요.

5) 잔돈 여기 있어요.

MEMO

第十二课 你的爱好是什么?

Dìshíèrkè Nǐ de àihào shì shénme?

제12과 당신의 취미가 무엇입니까?

生词(새단어)

做 zuò 하다   电视 diànshì 텔레비전

图书馆 túshūguǎn 도서관   爱好 àihào 취미

最 zuì 가장   喜欢 xǐhuān 좋아하다

小说书 xiǎoshuōshū 소설책   学习 xuéxí 공부하다

为什么 wèishénme 왜

考//试 kǎoshì 시험, 시험을 보다

欣赏 xīnshǎng 감상하다   音乐 yīnyuè 음악

各国 gèguó 각국   种 zhǒng 종류

必胜客 bìshèngkè 피자헛   古典 gǔdiǎn 고전

做//作业 zuò zuòyè 숙제를 하다

画//画儿 huàhuàr 그림을 그리다

弹//吉他 tán jítā 기타를 치다

小萍: 你的爱好是什么？
Xiǎopíng: Nǐ de àihào shì shénme?

小龙: 弹吉他。你呢？
Xiǎolóng: Tán jítā。Nǐ ne?

小萍: 我的爱好是欣赏音乐。
Xiǎopíng: Wǒ de àihào shì xīnshǎng yīnyuè。

小龙: 你喜欢哪种音乐？
Xiǎolóng: Nǐ xǐhuān nǎzhǒng yīnyuè?

小萍: 喜欢古典音乐。
Xiǎopíng: Xǐhuān gǔdiǎn yīnyuè。

在善: 你喜欢做什么?
Zàishàn: Nǐ xǐhuān zuò shénme?

小青: 我喜欢画画儿。
Xiǎoqīng: Wǒ xǐhuān huàhuàr。

在善: 今天你做什么?
Zàishàn: Jīntiān nǐ zuò shénme?

小青: 我在图书馆学习。
Xiǎoqīng: Wǒ zài túshūguǎn xuéxí。

在善: 你很忙啊!
Zàishàn: Nǐ hěn máng a!

小青: 明天有汉语考试。
Xiǎoqīng: Míngtiān yǒu Hànyǔ kǎoshì。

(본문 1)

샤우핑: 취미가 뭐예요?

샤우룽: 기타를 치는 거예요. 샤우핑은요?

샤우핑: 내 취미는 음악 감상이에요.

샤우룽: 어떤 음악을 좋아해요?

샤우핑: 고전 음악을 좋아해요.

(본문 2)

재선: 뭘 좋아해요?

샤우칭: 그림 그리기를 좋아해요.

재선: 오늘 뭐 해요?

샤우칭: 오늘은 도서관에서 공부해요.

재선: 꽤 바쁘네요.

샤우칭: 내일 중국어 시험이 있어요.

1. 목적어의 위치

중국어에서 목적어는 동사 다음에 위치한다.

```
주어    +        동사    +    목적어
我 (在图书馆)     写             作业。
```

2. 개사 '在'

개사란 영어의 전치사에 해당하는 품사를 가리키는 용어이다. 개사와 그 목적어로 이루어진 구조를 '개빈구조'라고 한다. 개빈구조는 일반적으로 동사의 앞에 놓여 부사어로 쓰인다. 부정문인 경우 주의할 것은 개빈구조 문장 앞에 부정부사 '不'를 붙이는 것이다.

我 在 图 书 馆 学 习。
我 不 在 图 书 馆 学 习。

3. 구조조사 的

'的'는 한정어와 중심어 사이에 놓여 '~의', '~한'이라는 의미를 나타내는 구조조사이다. 이때 '的' 뒤에 중심어가 생략되면 앞의 성분을 명사화하여 '~의 것', '~한 것'이라는 의미를 나타내게 된다.

我 的 书(나의 책)
我 的(내 것)

漂 亮 的 花(예쁜 꽃)
漂 亮 的(예쁜 것)

4. 哪种

‘哪个?’는 ‘어느 것, 어느 하나’를 지칭하는 데 비해 ‘哪种’은 ‘어떤 종류’를 말한다.

哪种书? (어떤 종류의 책)
哪种花? (어떤 종류의 꽃)

회화연습 1

美英: 明天你要做什么?
小青: 我要去看我的朋友。你呢?
美英: 我跟我妈妈去买衣服。
小青: 午饭跟朋友在必胜客吃。
美英: 我也是，那我们在那儿见。

미영: 내일 뭐 하니?
샤우칭: 난 친구 보러 가. 너는?
미영: 엄마하고 옷 사러 가.
샤우칭: 점심은 친구하고 피사헛에서 먹을 거야.
미영: 나도 그래. 그럼 우리 거기서 만나자.

老师: 这是谁的书?
学生: 那是我的。
老师: 为什么在这儿呢?
学生: 我也不知道。

선생님: 이거 누구 책이에요?
학생: 그건 제 책이에요.
선생님: 왜 여기 있죠?
학생: 나도 몰라요.

어휘 플러스

滑//雪 huá xuě 스키를 타다
打//排球 dǎ páiqiú 배구를 하다
踢//足球 tī zúqiú 축구를 하다
打//篮球 dǎ lánqiú 농구를 하다
打//棒球 dǎ bàngqiú 야구를 하다
爬//山 pá shān 산에 올라가다
养//花 yǎng huā 꽃을 키우다
读//书 dú shū 책을 읽다
下//棋 xià qí 바둑을 두다
跳//舞 tiào wǔ 춤을 추다
看//电影 kàn diànyǐng 영화를 보다
玩//电脑游戏 wán diànnǎoyóuxì 컴퓨터게임을 하다
邮票 yóupiào 우표
唱//歌 chànggē 노래를 부르다

滑//冰 huá bīng 스케이트를 하다
打//乒乓球 dǎ pīngpāngqiú 탁구를 하다
打//高尔夫球 dǎ gāoěrfūqiú 골프를 하다
打//羽毛球 dǎ yǔmáoqiú 배드민턴을 하다
钓//鱼 diào yú 낚시를 하다
练//跆拳道 liàn táiquándào 태권도를 하다
打//太极拳 dǎ tàijíquán 태극권을 하다
弹//钢琴 tán gāngqín 피아노를 치다
拉//手提琴 lā shǒutíqín 바이올린을 켜다
游//泳 yóuyǒng 수영을 하다
收集 shōují 수집하다
集//邮 jíyóu 우표를 수집하다

1. 밑줄 친 부분을 주어진 단어로 대체해서 연습해보세요.

1) A: 你的爱好是什么?

   B: 集邮。你呢?

   A: 我的爱好是欣赏音乐。

弹钢琴	游泳
钓鱼	练跆拳道
下棋	唱歌
跳舞	玩电脑游戏
打棒球	踢足球

2) A: 你喜欢做什么?

   B: 欣赏古典音乐。

   弹钢琴

   游泳

   钓鱼

   练跆拳道

   唱歌

   玩电脑游戏

   跳舞

   打棒球

   下棋

   踢足球

3) A: 今天你做什么?

   B: 在家看电视。

                               练跆拳道

                               唱歌

                               玩电脑游戏

                               跳舞

                               弹钢琴

                               下棋

                               拉手提琴

                               读书

2. 다음 문장을 중국어로 옮기세요.

1) 취미가 뭐예요?

2) 내 취미는 영화 보는 거예요.

3) 내 취미는 게임하는 거예요.

4) 오늘 뭐 했어요?

5) 도서관에서 공부했어요.

第十三课 现在你在做什么呢?

Dìshísānkè Xiànzài nǐ zài zuò shénme ne?

제13과 지금 무엇을 하고 있어요?

生词(새단어)

玩 wán 놀다

正在 zhèngzài ~하고 있다

资料 zīliào 자료

首都 shǒudū 수도

难怪 nánguài 어쩐지

挺~的 tǐng~de 매우~

不行 bùxíng 안 되다

黄山 Huángshān 황산

打 dǎ (전화)걸다

电话 diànhuà 전화

听说 tīngshuō ~라고 하던데

漂亮 piàoliang 예쁘다

听力 tīnglì 듣기

商店 shāngdiàn 상점

职员 zhíyuán 직원

找 zhǎo 찾다, (돈)거슬러주다

一边~一边~ yìbiān⋯yìbiān⋯ ~히면서 ~히다

难 nán 어렵다

有意思 yǒuyìsi 재미있다

查 chá 조사하다, 찾다

各国 gèguó 각국

干 gàn ~을 하다

那么 nàme 그렇게

过来/看 guòlai/kàn 건너와서 보다

休息 xiūxi 휴식하다

旅游 lǚyóu 여행하다

公司 gōngsī 회사

招聘 zhāopìn 초빙하다

风景 fēngjǐng 경치

不过 búguò 그러나

考试 kǎoshì 시험

给 gěi ~에게 ~을 주다

用功 yònggōng 열심히 공부하다

家 jiā 앵상점, 회사

对 duì 맞다

小龙：你在做什么呢?
Xiǎolóng: Nǐ zài zuò shénme ne?

小萍：我在查资料呢。
Xiǎopíng: Wǒ zài chá zīliào ne?

小龙：查什么资料呢?
Xiǎolóng: Chá shénme zīliào ne?

小萍：查各国首都。
Xiǎopíng: Chá gè guó shǒudū。

小龙：难怪你那么忙。
Xiǎolóng: Nánguài nǐ nàme máng。

小龙: 你在干什么呢?
Xiǎolóng: Nǐ zài gàn shénme ne?

小萍: 我在玩电脑游戏。
Xiǎopíng: Wǒ zài wán diànnǎoyóuxì。

小龙: 有意思吗?
Xiǎolóng: Yǒuyìsi ma?

小萍: 很有意思。你也过来看吧!
Xiǎopíng: Hěn yǒu yìsi。 Nǐ yě guòlai kàn ba!

小龙: 不行。我要写作业。
Xiǎolóng: Bùxíng。 Wǒ yào xiě zuòyè。

在善：你在做什么？
Zàishàn: Nǐ zài zuò shénme?

小青：我在找工作。
Xiǎoqīng: Wǒ zài zhǎo gōngzuò。

在善：现在找工作很难。
Zàishàn: Xiànzài zhǎo gōngzuò hěn nán。

小青：对。一家公司在招聘职员。
Xiǎoqīng: Duì。Yì jiā gōngsī zài zhāopìn zhíyuán。

我在给他们打电话。
Wǒ zài gěi tāmen dǎ diànhuà。

(본문 1)

샤우룽: 뭐 하고 있어요?

샤우핑: 자료 찾고 있어요.

샤우룽: 무슨 자료를 찾고 있어요?

샤우핑: 각국 수도를 찾고 있어요.

샤우룽: 어쩐지 바쁘더라.

(본문 2)

샤우룽: 뭐 하고 있어요?

샤우핑: 컴퓨터게임을 하고 있어요.

샤우룽: 재미있어요?

샤우핑: 재미있어요. 아룽도 이리로 와서 보세요.

샤우룽: 아니요. 숙제를 해야 해요.

(본문 3)

재선: 뭐 하고 있어요?

샤우칭: 직장 구하고 있어요.

재선: 요즘 직장 구하는 것이 어려워요.

샤우칭: 맞아요. 어떤 회사에서 직원을 구하고 있어요.
　　　　나는 그 회사에 전화를 걸고 있는 걸요.

1. 진행형 ‘正在 + 동사 ~ + 呢’

‘正在 + 동사’, ‘正 + 동사’, ‘在 + 동사’는 동작이 진행되고 있음을 나타낸다. 문장 끝에 ‘呢’를 붙이기도 하며, 이때 의미는 변하지 않는다.

주어 + [正/ 在/ 正在] + 동사 + (기타 성분) + (呢)

시제를 나타내는 특별한 표현이 없이 ‘[正/ 在/ 正在] ~ 呢’로 되어 있으면 일반적으로 현재에 발생하고 있는 상황을 표현한다. 하지만 동작이 진행되는 시제는 현재, 과거, 미래 모두 가능하며, 이는 문장에 포함된 특정 단어나 앞뒤의 상황을 보고 판단할 수 있다. 때로는 ‘正’, ‘在’, ‘正在’ 등의 부사 없이 ‘呢’만 서술문 끝에 단독으로 쓰여 동작의 진행을 나타내기도 한다.

> 他正在读书(呢)。 (그는 공부하고 있다.)
> ＝他正读书(呢)。
> ＝他在读书(呢)。
> ＝他读书呢。

> 昨晚十二点他正在读书(呢)。 (어젯밤 12시에 그는 공부하고 있었다.)

2. 刚才

시간명사 '刚才'는 '방금', '이제 금방' 등의 뜻으로 행동이나 상황이 일어난 지 오래되지 않았다는 상황을 나타낸다. 따라서 '刚才~时候'는 '막 ~했을 때'라고 해석된다. 시간명사이기 때문에 부사 위치에 올 수도 있고 문장 맨 앞에 위치할 수도 있다.

> 刚才我在写作业。(방금 숙제하고 있었다.)
> ＝我刚才在写作业。

3. 着

'着'는 동사 뒤에 쓰여 동작이나 상태가 지속되고 있음을 나타낸다. '~하 면서', '~한 채로'를 의미하며,
> 听着音乐看书。(음악을 들으면서 책을 본다.)

4. '一边 ~ 一边 ~'

접속사로 '한편으로 ~하면서 다른 한편으로 ~하다'라는 뜻으로, 두 가지 동작이 동시에 진행됨을 나타낼 때 쓰인다.

一边 ＋ 동사(목적어) ＋ 一边 ＋ 동사(목적어)	
동사구	동사구

她们一边喝咖啡一边聊天儿。
(그녀들은 커피를 마시면서 이야기를 한다.)

他一边看电视一边吃饭。

(그는 텔레비전을 보면서 밥을 먹는다.)

一边走一边聊吧。

(가면서 얘기하자.)

회화연습 1

美英: 现在你做什么呢?

小青: 在休息呢。

美英: 下星期我要去中国黄山旅游, 一起去怎么样?

小青: 听说那儿的风景很漂亮。

我也想去, 不过下星期有听力考试。

미영: 지금 뭐 해요?

샤우칭: 쉬고 있어요.

미영: 다음 주에 중국 황산에 여행 가는데 샤우칭도 같이 갈래요?

샤우칭: 그곳에 경치가 아주 예쁘다고 하던데.

나도 가고 싶어요. 그런데 다음 주에 듣기시험을 봐야 해요.

회화연습 2

阿龙: 放学了。你不回家在这里做什么?

阿萍: 外边正在下雨, 我没带雨伞。

阿龙: 我带雨伞了。

我们一起打吧。一边走一边聊吧。

아룽: 하교했는데 집에 가지 않고 여기서 뭐 해요?

아핑: 밖에 비가 오고 있는데 우산을 가지고 오지 않았어요.

아룽: 난 우산을 가지고 왔어요. 우리 같이 씁시다. 가면서 얘기하죠.

老师: 小龙在做什么呢?

学生: 刚才我去他宿舍的时侯,

　　　他一边听着音乐一边在学习呢。

老师: 我看他最近很用功。

선생님: 샤우룽은 뭐 하고 있어요?

학생: 아까 그의 기숙사에 갔을 때,

　　　그는 음악을 들으면서 공부하고 있었어요.

선생님: 내가 보기에 샤우룽은 요즘 열심히 공부해요.

어휘 플러스

图书馆 túshūguǎn 도서관　　医院 yīyuàn 병원

邮局 yóujú 우체국　　　　　学校 xuéxiào 학교

商店 shāngdiàn 상점　　　　食堂 shítáng 식당

药店 yàodiàn 약국　　　　　消防局 xiāofángjú 소방서

书店 shūdiàn 서점　　　　　警察局 jǐngchájú 경찰서

银行 yínháng 은행　　　　　饭店 fàndiàn 호텔

机场 jīchǎng 비행장　　　　地铁站 dìtiězhàn 지하철역

百货商店 bǎihuòshāngdiàn 백화점

卫生间 wèishēngjiān 화장실 用功 yònggōng 열심히 공부하다

足球赛 zúqiúsaì 축구경기　　聊//天儿 liáotiānr 이야기를 하다, 한담을 하다

聊 liáo 이야기하다　　　　　看//电影 kàn diànyǐng 영화를 보다

吃//爆米花 chī bàomǐhuā 팝콘을 먹다

1. 밑줄 친 부분을 주어진 단어로 대체해서 연습해보세요.

1) 你在做什么呢?
   我在<u>买衣服</u>呢。

   喝咖啡
   看电视
   读书
   听音乐
   看足球赛
   去机场
   休息
   聊天儿

2) 他们一边<u>喝咖啡</u>一边<u>聊天儿</u>。

   听音乐　　休息
   看电视　　写作业
   看电影　　吃爆米花
   喝茶　　　聊天儿
   走　　　　聊

2. 다음 문장을 중국어로 옮기세요.

1) 뭐 하고 있어요?

2) 우리는 커피 마시면서 이야기해요.

3) 쉬고 있어요.

4) 자료 찾고 있어요.

5) 난 숙제해야 해요.

第十四课 请问，去邮局怎么走？

Dìshísìkè Qǐngwèn, qù yóujú zěnme zǒu?
제14과 여쭙겠는데요, 우체국 어떻게 갑니까?

生词(새단어)

还是 háishi 또는, 아니면　　　邮局 yóujú 우체국

打的 dǎdī 택시를 타다　　　换车 huànchē 차를 바꾸어 타다

路 lù 길　　　　　　　　　站 zhàn 정류장, 서다

到 dào 도착하다　　　　　公共汽车 gōnggòngqìchē 버스

马路 mǎlù 큰길　　　　　不错 búcuò 좋다, 괜찮다

颐和园 yíhéyuán 이화원　　假日 jiàrì 휴일

一样 yíyàng 같다　　　　咱们 zámen 우리

舒服 shūfu 편안하다　　　快 kuài 빠르다

请问 qǐngwèn 여쭙겠습니다, 실례지만~

而且 érqiě 그리고, 게다가　先 xiān 먼저

然后 ránhòu 그다음　　　　过 guò 건너다, 지내다

不用 búyòng 필요 없다　　就行 jiùxíng ~하면 된다

可以 kěyǐ 되다　　　　　别人 biérén 다른 사람

故宫 Gùgōng 고궁, 중국북경에 위치하며 송, 명, 청시대의 황궁이다

没事儿 méishìr 괜찮다　　咱们 zánmen 우리(화자와 청자가 포함한다)

釜山 Fǔshān 부산　　　　高速列车 gāosùlièchē 고속열차

问 wèn 묻다

在善: 请问，去邮局怎么走?
Zàishàn: Qǐngwèn, qù yóujú zěnme zǒu?

行人: 先坐103路公共汽车，然后要换地铁。
Xíngrén: Xiān zuò yāo líng sān lù gōnggòngqìchē, ránhòu yào huàn dìtiě。

在善: 要过马路吗?
Zàishàn: Yào guò mǎlù ma?

行人: 不用。在这边坐。
Xíngrén: Búyòng。Zài zhèbian zuò。

在善: 走几站?
Zàishàn: Zǒu jǐ zhàn?

行人: 走六站就行。
Xíngrén: Zǒu liù zhàn jiù xíng。

在善: 谢谢。
Zàishàn: Xièxie。

行人: 不客气。
Xíngrén: Búkèqi。

小龙: 明天是假日我们去颐和园, 好吗?

Xiǎolóng: Míngtiān shì jiàrì wǒmen qù Yíhéyuán, hǎo ma?

小萍: 好啊! 怎么走?

Xiǎopíng: hǎo a! Zěnme zǒu?

小龙: 坐公共汽车去还是打的去?

Xiǎolóng: Zuò gōnggòngqìchē qù háishi dǎdī qù?

小萍: 打的太贵了, 还是坐公共汽车去吧。

Xiǎopíng: Dǎdī tài guì le, háishi zuò gōnggòngqìchē qù ba。

小龙: 什么时候走?

Xiǎolóng: Shénmeshíhou zǒu?

小萍: 早上九点一刻, 怎么样?

Xiǎopíng: Zǎoshang jiǔdiǎn yíkè, zěnmeyàng?

小龙: 从学校走几站?

Xiǎolóng: Cóng xuéxiào zǒu jǐ zhàn?

小萍: 我也不知道。我们可以问别人。

Xiǎopíng: Wǒ yě bùzhīdào。 Wǒmen kěyǐ wèn biéren。

(본문 1)

재선: 실례지만 우체국 어떻게 갑니까?

행인: 먼저 103번 버스 타고 그다음 전철을 갈아타야 해요.

재선: 길을 건너가야 합니까?

행인: 필요 없어요. 이쪽에서 타면 돼요.

재선: 몇 정류장을 갑니까?

행인: 여섯 정류장을 가면 돼요.

재선: 고맙습니다.

행인: 천만에요.

(본문 2)

샤우룽: 내일 휴일인데 우리 이화원에 가는 거 어때?

샤우핑: 좋아. 어떻게 가지?

샤우룽: 버스를 타고 갈까 아니면 택시를 타고 갈까?

샤우핑: 택시는 너무 비싸, 버스 타고 가는 게 낫겠어.

샤우룽: 언제 가?

샤우핑: 아침 9시 15분에 가는 거 어때?

샤우룽: 학교에서 몇 정류장 가지?

샤우핑: 나도 잘 모르겠어. 다른 사람에게 물어보면 돼.

1. 선택의문문 还是

답이 될 수 있는 두 개의 상황을 '还是'로 연결하여 의문문을 만들 수 있는데, 이를 선택의문문이라 한다. '还是'는 단어, 구, 문장 등 다양한 성분을 연결할 수 있다. 단, '还是'의 양쪽에는 동등한 성분이 와야 한다. '是'자문의 경우에도 선택의문문을 만드는 방법은 동일하나 '还是' 뒤의 '是' 문장의 '是'는 생략한다.

今天去还是明天去?
喝咖啡还是喝茶?
他是韩国人还是中国人? ('是'자문의 경우 뒤 문장에는 '是'를 쓰지 않는다)

2. 还是坐公共汽车去吧。

'还是'가 의문문일 경우에는 선택의문문이나 긍정문에서는 이미 선택한 결과를 말한다. 그래서 '~하는 것이 낫다', '~하는 것이 좋다'로 번역된다.

还是坐公共汽车去吧。 (버스 타고 가는 것이 좋겠어.)

위 문장에서 여러 교통수단 중에 버스를 선택하는 것이 가장 낫다는 의미로 쓰인다.

还是吃面吧。(국수 먹는 것이 낫겠어.)

还是今天去吧。(오늘 가는 것이 좋겠어.)

3. 请问

'여쭙겠는데요', '말 좀 물어봅시다' 혹은 '실례합니다'라는 의미로 다른 사람에게 길이나 시간을 물어볼 때 자주 쓰이는 표현이다.

请问, 去邮局怎么走?

4. 怎么

'怎么'는 두 가지 뜻이 있다. 방법을 묻는 '어떻게'라는 뜻과 이유를 묻는 '왜'라는 뜻이 있다.

1) '怎么'에 동사를 써서 방법을 묻는다.

怎么吃? (어떻게 먹어요?)

怎么办? (어떻게 해요?)

怎么读? (어떻게 읽어요?)

怎么打篮球? (어떻게 농구를 해요?)

2) 특히 일상생활에서 가볍게 '왜'라고 물어볼 때는 '为什么'보다 '怎么了'를 사용하는 편이 좋다. '为什么'는 그 이유를 따지고 묻는 강한 어조인 데 비해 '怎么'는 '为什么'보다 훨씬 부드러운 표현이다.

你怎么不吃了? (너 왜 안 먹니?)

你怎么了? (너 왜 그래?)

5. 打的

'打的'라는 표현에서 '打'는 '택시를 잡는다', '택시를 타다'라는 뜻의 동사이며 '的'는 '的士'의 줄임말로 택시를 가리킨다. '打的去'는 '택시를 타고 가다'라는 뜻으로 해석한다.

我打的回家。(난 택시 타고 집에 간다.)

6. ~ 路车

'~路车'에서 '路'는 버스노선을 가리키는 양사이다. 우리말의 '~번 버스'에서 '번'과 같은 의미로 사용된다. 예를 들어 '103번 버스'는 '103路公共汽车'라고 해야 한다. 버스노선의 숫자를 읽을 때, 세 자리 수 이상은 각 숫자를 하나하나 읽어 주되, '1'의 경우에는 반드시 'yāo'로 읽어 준다.

坐104路车回家。(104번 버스 타고 집에 간다.)
(104路 - - yāo líng sì lù chē)

7. 或者

'或者'는 '혹은, ~(이)든, 아니면'의 뜻을 지닌 부사다.

走这条路或者那条路都行。(이 길을 가든 혹은 저 길을 가든 다 된다.)

8. 条

'条'는 양사로서 강, 길과 같이 가늘고 긴 사물 등에 쓰이는 양사다.

一条河(강)
一条路(길)

一条裤子(바지)
一条绳子(밧줄)

9. 先 ~ 然后 ~

‘先 ~ 然后 ~’는 일의 순서를 표현할 때 쓰이는 표현이다. ‘먼저 ~하고, 그 후에 ~하다.’라는 의미를 나타낸다. ‘首先 ~ 然后 ~’, ‘先 ~ 再 ~’, ‘先 ~ 然后 ~’, ‘首先 ~ 再 ~’ 등 모두 같은 뜻으로 선후 순서를 표현하는 어구이다.

先洗手, 然后吃饭。(먼저 손 씻고 밥 먹어.)

10. 哪条路近?

‘哪条’에서 ‘哪 + (一) 양사’는 ‘어느 것’이라는 뜻으로 이미 있는 것 중에서 선택한다는 의미를 갖는다.

哪个好? (어떤 것이 좋아요?)
哪条路近? (어느 길이 가까워요?)
哪个大? (어느 것이 커요?)

11. 走几站

동사의 양을 동량사라고 하는데 언제나 동사 뒤에 온다.
走几站?(몇 정류장 갑니까?)
走几天?(며칠 갑니까?)
走几个星期?(몇 주 갑니까?)
走三站?(세 정류장 갑니다.)

美英: 请问, 去故宫怎么走?

行人: 你坐什么去?

美英: 我想骑自行车去。

行人: 走这条路或者那条路都行。

美英: 哪条路近?

行人: 走小路近, 不过路不好走。

美英: 走这条路可以吗?

行人: 还不错。

美英: 谢谢。

行人: 不用谢。

미영: 실례지만 고궁 가는데 어떻게 갑니까?

행인: 뭐 타고 가세요?

미영: 자전거 타고 가려고 해요.

행인: 이 길이든 저 길이든 다 돼요.

미영: 어느 길이 가까워요?

행인: 좁은 길이 가까워요, 그런데 길은 가기 좋지 않아요.

미영: 이 길로 가면 됩니까?

행인: 그런대로 괜찮아요.

미영: 감사합니다.

행인: 천만에요.

美英: 下个周末咱们去济州岛, 好吗?

小青: 好。坐船去, 行吗?

美英: 坐飞机去吧, 又快又舒服。

小青: 可机票太贵了。而且我一次也没坐过船。

美英: 好吧, 那就坐船去吧。

미영: 다음 주말에 우리 제주도 가는 거 어때요?

샤우칭: 좋아요. 배 타고 가면 돼요?

미영: 비행기 타고 가지요, 빠르면서 편해요.

샤우칭: 그런데 비행기 표 값이 훨씬 비싸요. 게다가 난 배를 한 번도 타 보
지 않았어요.

미영: 알았어요. 그럼 배 타고 가죠.

어휘 플러스

故宫 Gùgōng 고궁　　　　哪条路 nǎtiáolù 어느 길

不用谢 búyòngxiè 천만에 말씀　济州岛 Jìzhōudǎo 제주도

舒服 shūfu 안락하다, 편안하다　又 ~ 又 ~ yòu~ yòu~ ~면서 ~하다

机票 jīpiào 비행기표　　　可 kě 그러나

那就 nàjiù 그러면　　　　坐过 zuòguo 타 본 적이 있다

牛奶 niúnǎi 우유　　　　绿茶 lǜchá 녹차

鱼 yú 생선, 물고기　　　肉 ròu 육류, 고기

滑//雪 huáxuě 스키를 타다　　游//泳 yóuyǒng 수영을 하다, 수영

打//网球 dǎwǎngqiú 테니스를 치다

打//棒球 dǎbàngqiú 야구를 하다

弹//钢琴 tángāngqín 피아노를 치다

拉//手提琴 lāshǒutíqín 바이올린을 켜다

1. 밑줄 친 부분을 주어진 단어로 대체해서 연습해보세요.

1) 请问, <u>去邮局</u>怎么走?

学校

银行

你家

办公室

公司

2) 你喜欢<u>喝茶</u>还是<u>喝咖啡</u>?

喝牛奶　　喝绿茶

吃肉　　　吃鱼

弹钢琴　　拉手提琴

滑雪　　　游泳

打棒球　　打网球

3) 先<u>坐103路公共汽车</u>, 然后<u>要换地铁</u>。

吃饭, 去邮局

洗手, 吃饭

看,　买

坐车, 做飞机

4) <u>走几站</u>?

吃几碗

喝几杯

写几课

5) A: <u>要过马路</u>吗?

B: 不用了。

见朋友

喝水

吃饭

弹钢琴

游泳

2. 다음 문장을 중국어로 옮기세요.

1) 몇 정류장 가세요?

2) 야구를 좋아합니까? 테니스를 좋아합니까?

3) 우체국 어떻게 갑니까?

4) 필요 없어요.

5) 커피 마시는 것이 좋겠어요.

MEMO

第十五课 你喜欢什么运动?

Dìshíwǔkè Nǐ xǐhuān shénme yùndòng?
제15과 무슨 운동을 좋아하세요?

生词(새단어)

别 bié ~하지 말다

香 xiāng 향기롭다

打//网球 dǎwǎngqiú 테니스를 치다

游//泳 yóuyǒng 수영을 하다, 수영

滑//雪 huáxuě 스키를 타다

会 huì 할 수 있다, 할 줄 알다

茶 chá 차

茉莉花茶 mòlìhuāchá 재스민 차

不怎么样 bùzěnmeyàng 별로

愉快 yúkuài 즐겁다

第一次 dìyīcì 처음

马马虎虎 mǎmahūhū 그럭저럭

还是 háishi 아니면

觉得 juéde 느끼다, 생각하다

干净 gānjìng 깨끗하다

习惯 xíguàn 습관, 익숙하다

对 duì 맞다

客气 kèqì 사양하다, 친절하다

运动 yùndòng 운동

不错 búcuò 괜찮다, 좋다

不过 búguò 그러나

咖啡 kāfēi 커피

好 hǎo 뷔매우, 꽤

挺~的 tǐng~de 매우

一点儿 yìdiǎnr 조금, 약간

女的 nǚde 여자

而 ér 반면에, 그러나, 그리고

流利 liúlì 유창하다

大部分 dàbùfen 대부분

苦 kǔ 쓰다

小萍: 你喜欢什么运动?
Xiǎopíng: Nǐ xǐhuān shénme yùndòng?

小龙: 我喜欢打网球，你呢?
Xiǎolóng: Wǒ xǐhuān dǎ wǎngqiú, nǐ ne?

小萍: 我喜欢游泳。
Xiǎopíng: Wǒ xǐhuān yóuyǒng.

小龙: 你游得怎么样?
Xiǎolóng: Nǐ yóu de zěnmeyàng?

小萍: 我游得不错。
Xiǎopíng: Wǒ yóu de búcuò.

你打网球打得怎么样?
Nǐ dǎ wǎngqiú dǎ de zěnmeyàng?

小龙: 我打得马马虎虎。
Xiǎolóng: Wǒ dǎ de mǎmahūhū.

不过我很喜欢打网球。
Búguò wǒ hěn xǐhuān dǎ wǎngqiú.

你会不会打网球?
Nǐ huìbuhuì dǎ wǎngqiú?

小萍: 会一点儿，不过打得不怎么样。
Xiǎopíng: Huì yìdiǎnr, búguò dǎ de bù zěnmeyàng.

小青：你喜欢喝茶还是喝咖啡？
Xiǎoqīng: Nǐ xǐhuān hē chá háishi hē kāfēi?

美英：我喜欢喝咖啡，你呢？
Měiyīng: Wǒ xǐhuān hē kāfēi, nǐ ne?

小青：我喜欢喝茉莉花茶。
Xiǎoqīng: Wǒ xǐhuān hē mòlìhuāchá.

美英：我觉得中国茶都很香。
Měiyīng: Wǒ juéde Zhōngguó chá dōu hěn xiāng.

我觉得大部分中国人挺喜欢喝茶的，
Wǒ juéde dàbùfen Zhōngguórén tǐng xǐhuān hē chá de,

而大部分韩国人喜欢喝咖啡。
ér dàbùfen Hánguórén xǐhuān hē kāfēi.

小青：对。中国人不习惯喝咖啡。
Xiǎoqīng: Duì. Zhōngguórén bù xíguàn hē kāfēi.

我第一次喝咖啡的时候，觉得很苦，
Wǒ dìyīcì hē kāfēi de shíhou, juéde hěn kǔ,

现在习惯了。
Xiànzài xíguàn le.

(본문 1)

샤우핑: 무슨 운동을 좋아해요?

샤우룽: 테니스를 좋아해요. 샤우핑은요?

샤우핑: 난 수영을 좋아해요.

샤우룽: 수영을 어느 정도 해요?

샤우핑: 괜찮게 해요. 테니스 어느 정도 쳐요?

샤우룽: 그럭저럭 해요. 그렇지만 테니스를 아주 좋아해요.
　　　　샤우핑은 테니스 칠 줄 알아요?

샤우핑: 조금 할 줄 알아요. 그런데 잘 치지는 못 해요.

(본문 2)

샤우칭: 차를 좋아해요 커피를 좋아해요?

미영: 커피를 좋아해요. 샤우칭은요?

샤우칭: 난 재스민 차를 좋아해요.

미영: 난 중국차는 향기가 좋다고 생각해요.
　　　제가 보기에 대부분의 중국인은 차를 즐겨 마셔요,
　　　반면에 한국 사람은 커피를 좋아해요.

샤우칭: 맞아요. 중국 사람은 커피 마시는 데 익숙하지 않아
　　　　요. 내가 처음 커피 마실 때 아주 쓰게 느껴졌어요.
　　　　지금은 익숙해졌어요.

1. 정도보어와 구조조사 '得'

동사나 형용사 뒤에서 동작이나 사물의 성질이 도달한 정도나 결과를 보충 설명해 주는 역할을 하는데 이를 정도보어라 한다. 일반적으로 과거 사실, 습관 또는 능력을 표현하는 데 쓰인다. 동사, 형용사와 정도보어 사이에 구조조사 '得'를 넣어 연결한다. 다른 어떤 것도 그 사이에 끼어서는 안 된다.

* 목적어가 없을 경우: 동사 또는 형용사 뒤에 직접 '得'와 정도보어를 쓴다.

```
주어    +    술어    +    得    +    정도보어
(동사, 형용사)              (형용사, 형용사구)
```

他休息得很好。 (그는 잘 쉬었다. ‒‒과거사실)
她工作得不错。 (그녀는 일을 잘한다. ‒‒능력)

* 목적어가 있을 경우: 목적어 뒤에 직접 '得'를 붙일 수 없고 반드시 목적 어 뒤에 동사를 다시 중복해서 쓰고, 그다음에 '得'와 정도보어를 쓴다.

```
주어 + 술어1 + 목적어 + 술어2 + 得 + 정도보어
(동사, 형용사)              (형용사, 형용사구)
```

他洗衣服洗得很干净。(그는 빨래를 정말 깨끗이 한다.)
= 他衣服洗得很干净。(술어1 생략가능하다)
她说汉语说得很流利。(그녀는 중국어를 유창하게 잘한다.)
= 她汉语说得不错。(술어1 생략가능하다)

일반적으로 다음과 같이 과거 사실, 습관 또는 능력을 표현하는 데 정도보어가 쓰인다.

1) 동작이 완성된 것, 즉 과거 사실의 정도를 표현할 때 쓰인다.
玩得很高兴。(즐겁게 놀았다.)
我休息得不好。(나는 잘 쉬지 못했다)
昨天晚上他睡得很晚。(어젯밤에 그는 늦게 잤다.)
前天他游泳游得不错。(그저께 그는 수영을 잘했다.)

2) 습관은 과거, 현재, 미래의 일로 정도보어 형태를 빌려 표현한다.
她说得不快。(그녀는 말을 느리기 한다.)
他走得快。(그는 빨리 걷는다.)
他起得很早。(그는 일찍이 일어난다.)
他睡得很晚。(그는 늦게 잔다.)

3) 능력을 표현할 때 쓰인다.
他做菜做得真好吃。(그는 요리를 잘한다.)
她说汉语说得很流利。(그녀는 중국어를 유창하게 잘한다.)
他游泳游得不错。(그는 수영을 잘한다.)

그리고 정도보어 문장은 그 문장이 긍정이든 부정이든 의문문이든 모두 '得' 뒤의 정도보어 위치에서 표현된다.
他游泳游得怎么样? (의문)
他游泳游得好吗? (의문)
他游泳游得好不好? (의문, 정반문)
他游泳游得不太好。(부정문, '不'를 동사 앞에 놓지 않는다)
他游泳游得很好。(긍정문)

*** 부사와 정도보어의 차이점

* 형용사 부사어로 현재 진행되는 상황을 서술한다.
　　　快骑吧! (빨리 가자! 빨리 타자!)

* 동작이 완성되었거나 습관 또는 능력을 나타낸다.
　　　他起得很早。 (그는 빨리 일어난다. − −습관)
　　　他游泳游得不错。 (그는 수영을 잘한다. − −능력)
　　　玩得很高兴。 (즐겁게 놀았다. − −과거 사실)

2. 会

　조동사 '会'는 후천적으로 습득한 능력, 즉 어떤 행위를 배워서 할 수 있다 혹은 할 줄 안다는 의미를 나타낸다.

　　　我会打网球。 (나는 테니스를 할 줄 안다.)
　　　我会游泳。 (나는 수영을 할 줄 안다.)

3. 觉得

　주관적인 느낌, 생각, 관점 등을 표현할 때 쓰인다. 이때 '觉得'와 비슷한 뜻으로 많이 사용되는 표현으로는 '想', '看'이 있다.

　　　我觉得这件衣服很漂亮。 (난 이 옷이 아주 예쁘다고 생각해.)
　　　＝我想这件衣服很漂亮。
　　　＝我看这件衣服很漂亮。

小龙: 他是韩国人还是中国人?

小萍: 他是韩国人。

小龙: 那女的是他的妹妹还是他的爱人?

小萍: 是他的爱人。

小龙: 好漂亮啊!

샤우룽: 그는 한국 사람이에요 아니면 중국 사람이에요?

샤우핑: 그는 한국 사람이에요.

샤우룽: 저 여자 분은 그의 여동생이에요 그의 부인이에요?

샤우핑: 그의 부인이에요.

샤우룽: 정말 아름답군요!

在善: 你在北京过得好不好?

美英 过得很愉快。

在善: 你汉语学得怎么样?。

美英: 学得还不错。

在善: 你汉语说得也不错啊。

美英: 哪里哪里。

在善: 你吃得怎么样?

美英: 吃得也习惯了。

在善: 我觉得你在北京过得挺不错的。

美英: 我想也是。

재선: 북경에서 잘 지냈어요?

미영: 즐겁게 지냈어요.

재선: 중국어 배우는 거 어때요?

미영: 그런대로 배울 만해요.

재선: 중국어도 제법 잘하네요!

미영: 천만에요.

재선: 먹는 건 어때요?

미영: 먹는 것도 익숙해졌어요.

재선: 북경에서 잘 지냈다고 생각이 되네요.

미영: 저도 그렇게 생각해요.

어휘 플러스

茶 chá 차

水 shuǐ 물

饭 fàn 밥

汤 tāng 국

细面 xìmiàn 가는 국수

菜 cài 요리, 야채

哪里哪里 nǎlǐnǎlǐ 천만에 말씀

炒饭 chǎofàn 볶음밥

可口可乐 kěkǒukělè 코카콜라

菜 cài 반찬

拉面 lāmiàn 라면

炒面 chǎomiàn 볶은 국수

过 guò 지내다

愉快 yúkuài 즐겁다

1. 밑줄 친 부분을 주어진 단어로 대체해서 연습해보세요.

A: 你喜欢什么(运动)?

B: 我喜欢滑雪。

A: 你滑雪滑得怎么样?

B: 我滑得不错。你会不会滑雪?

打棒球

练跆拳道

弹钢琴

拉手提琴

游泳

下棋

跳舞

2. 다음 문장을 중국어로 옮기세요.

1) 어떤 운동을 좋아하세요?

2) 수영할 줄 알아요?

3) 전 야구를 좋아해요.

4) 수영 잘해요?

5) 커피 좋아하세요 차 좋아하세요?

정 답

제1과   /31

1. 1)

① A: 阿萍好!   ② A: 爷爷好!   ③ A: 晚上好!   ④ A: 早上好!
   B: 你好!   B: 你好!   B: 晚上好!   B: 早上好!

⑤ A: 奶奶好!   ⑥ A: 爸爸、妈妈好!   ⑦ A: 弟弟、妹妹好!
   B: 你好!   B: 你好!   B: 你好!

2)

① A: 你朋友好吗?   ② A: 你爷爷、奶奶好吗?
   B: 他很好，谢谢。   B: 他们很好，谢谢。

③ A: 老师好吗?   ④ A: 阿萍好吗?   ⑤ A: 你哥哥好吗?
   B: 他很好，谢谢。   B: 他很好，谢谢。   B: 他很好，谢谢。

⑥ A: 你姐姐好吗?   ⑦ A: 你爸爸、妈妈好吗?
   B: 她很好，谢谢。   B: 他们很好，谢谢。

2. 1) 你好?/您好?/你好吗?/您好吗?
   2) 我很好。
   3) 老师好吗?
   4) 再见!
   5) 谢谢。

제2과 　 /44

2. 1) 我不好。

   2) 我也不忙。

   3) 我们不热。

   4) 我不累。

3. 1) 一会儿见。

   2) 我也很冷。

   3) 我很累。

   4) 我也很忙。

   5) 我不太忙。

제3과 　 /54

1. 1) 我叫李甜甜。

   我叫吴萍 (Wúpíng)。

   我叫黄莲花 (Huángliánhuā)。

   我叫金美丽。

   我叫王山。

   2) 我叫李甜甜。

   我叫吴萍 (Wúpíng)。

   我叫黄莲花 (Huángliánhuā)。

   我叫金美丽。

   我叫王山。

   3) 我姓金。

   我姓黄。

   我姓张。

   我姓朴。

   我姓洪。

   我姓崔。

4) 我姓郑。

我姓丁。

我姓李。

我姓吴。

我姓王。

我姓尹。

5) 这是菊花。

这是梅花。

这是兰花。

这是杜鹃花。

这是玫瑰。

这是茉莉花。

6) 是红色。

是紫色。

是白色。

是黑色。

是黄色。

是绿色。

是蓝色。

是橘红色。

2. 1) 你叫什么名字?

2) 您贵姓?

3) 这是什么?

4) 这是什么颜色?

5) 这是什么花?

6) 你姓什么?

제4과 /65

2. 1) 他是谁?

2) 这是谁的书包?

3) 她不是我姐姐，是我妹妹。

4) 你是老师吗?

5) 他教汉语。

제5과 　/76

2. 1) 你是哪国人?

2) 你从哪儿来的?

3) 你认识我吗?

4) 你学什么?

5) 我从中国来。

제6과 　/88

1. 1) B: 我家有六口人。

B: 我家有两口人。

B: 我家有五口人。

2) B: 我有两个姐姐。

B: 我有一个弟弟，一个妹妹。

B: 我有两个妹妹，一个哥哥。

3) B: 有爸爸、妈妈、姐姐和我。

B: 有爷爷、爸爸、妈妈、弟弟和我。

B: 有爸爸、妈妈、两个姐姐和我。

B: 有爸爸、妈妈、弟弟、一个妹妹和我。

4) B: 他有两<u>个儿子</u>。

B: 他有<u>一个女儿</u>。

B: 他有两<u>个儿子</u>和两<u>个女儿</u>。

5) B: 他是<u>医生</u>。

B: 他是<u>护士</u>。

B: 他是<u>警察</u>。

B: 他是演员。

B: 他是工程师。

6) B: 我是医生。

B: 我是公司职员。

B: 我是警察。

B: 我是演员。

B: 我是运动员。

7) B: 我在学校工作。

2. 1) 你家有几口人?

2) 你做什么工作?

3) 你在哪儿工作?

4) 你有几个孩子?

5) 家里都有什么人?

제7과   /100

1. 1) B: 我去首尔见老师。

B: 我去书店买书。

B: 我去北京学习。

B: 我去上海上学。

2) 我坐地铁去。

我骑自行车去。

我走路去。

我坐出租汽车去。

3) B: 我去上海。

B: 我上学。

B: 我去首尔。

B: 我去书店。

B: 我去中国。

2. 1) 你去哪儿?

2) 回家吧！

3) 你坐什么上学?

4) 我骑自行车上学。

5) 我坐公共汽车回家。

제8과　　/115

1. 1) B: 我这(个)星期去。

　　B: 我下个月去。

　　B: 我一月去。

　　B: 我明天去。

　　B: 我放假的时候去。

2) B: 后天是7号。

　　B: 后天是10号。

　　B: 后天是24号。

　　B: 后天是19号。

3) B: 是八月二十四号。

　　B: 是下个月三号。

　　B: 是九月十六号。

　　B: 是大后天。

4) B: 今天星期五。

　　B: 今天星期天。

　　B: 今天星期六。

　　B: 今天礼拜四。

2. 1) 你什么时候去中国?

2) 今天星期几?

3) 你的生日是几号? / 你的生日是什么时候?

4) 今天几月几号?

5) 明天星期几?

제9과　/126

1. 1) 你每天几点起床?

你每天几点吃早饭?

你每天几点上学?

你每天几点放学?

你每天几点上班?

你每天几点 吃午饭?

你每天几点吃晚饭?

2) 我坐船去中国。

我骑自行车去学校。

我坐火车去首尔。

2. 我每天六点半起床。

我每天七点三刻(七点四十五分)起床。

我每天六点三刻(六点四十五分)起床。

我每天七点两起床。

我每天七点二十分起床。

3. 1) 你几点上学?

2) 现在几点?

3) 你几点上班?

4) 什么时候回中国?

5) 你每天几点起床?

제10과　/136

1. 1) A: 你今年多大年纪了?

B: 我六十九岁了。

A: 你今年多大岁数了?

B: 我七十二岁了。

A: 你今年几岁了?

B: 我三岁了。

2) A: 你爷爷, 奶奶今年多大岁数了?

B: 我爷爷今年六十三, 我奶奶今年六十二。

A: 你外公, 外婆今年多大岁数了?

B: 我外公今年五十九, 我外婆今年五十六。

3)

我属老鼠。	我属羊。
我属牛。	我属猴。
我属兔。	我属鸡。
我属龙。	我属狗。
我属蛇。	我属猪。
我属马。	

2. 多大?　몇 살이에요? (얼마나 커요?)　多大！　얼마나 큰가!

多高?　얼마나 높아요?　　多高！　얼마나 높은가!

多长?　얼마나 길어요?　　多长！　얼마나 긴가!

多远?　얼마나 멀어요?　　多远！　얼마나 먼가!

多宽?　얼마나 넓어요?　　多宽！　얼마나 넓은가!

多深?　얼마나 깊어요?　　多深！　얼마나 깊은가!

多重?　얼마나 무거워요?　多重！　얼마나 무거운가!

3. 1) 你几岁了?

2) 您多大年纪了?

3) 你属什么?

4) 你父母多大年纪了?

5) 你哥哥多大了?

1.

1) A: 一杯牛奶多少钱?
   B: 2 块 3 毛。
   A: 给你 10 块。
   B: 找你 7 块 5 毛。

   A: 一瓶啤酒多少钱?
   B: 1 块 9 毛。
   A: 给你 20 块。
   B: 找你 18 块 1 毛。

   A: 一听可乐多少钱?
   B: 2 块 4 毛。
   A: 给你 20 块。
   B: 找你 17 块 6 毛。

   A: 一张票多少钱?
   B: 11 块。
   A: 给你 50 块。
   B: 找你 39 块。

   A: 一辆自行车多少钱?
   B: 560 块。
   A: 给你 600 块。
   B: 找你 40 块。

2) A: 有草莓吗?
   B: 有。
   A: 一斤多少钱?

   A: 有啤酒吗?
   B: 有。
   A: 一瓶多少钱?

A: 有词典吗?
B: 有。
A: 一本多少钱?

A: 有可乐吗?
B: 有。
A: 一听多少钱?

A: 有票吗?
B: 有。
A: 一张多少钱?

A: 有自行车吗?
B: 有。
A: 一辆多少钱?

A: 有苹果吗?
B: 有。
A: 一斤多少钱?

3) 这苹果一公斤多少钱?
   这可乐一听多少钱?
   这西瓜一斤多少钱?
   这啤酒一公斤多少钱?
   这草莓一瓶多少钱?
   这自行车一辆多少钱?

2.　　一（瓶/ 听　）啤酒

　　　一（瓶/ 听　）可乐

　　　两（　张　　）票

　　　两（　辆　　）自行车

　　　一（　本　　）词典

　　　三（　公斤　）苹果

3. 1) 一杯咖啡多少钱?

　　2) 一共多少钱?

　　3) 有运动鞋吗?

　　4) 给你 20块。

　　5) 找你钱。

제12과　　/161

1.

1) A: 你的爱好是什么?
　 B: 弹钢琴。你呢?
　 A: 我的爱好是游泳。

　 A: 你的爱好是什么?
　 B: 钓鱼。你呢?
　 A: 我的爱好是练跆拳道。

　 A: 你的爱好是什么?
　 B: 下棋。你呢?
　 A: 我的爱好是唱歌。

　 A: 你的爱好是什么?
　 B: 跳舞。你呢?
　 A: 我的爱好是玩电脑游戏。

　 A: 你的爱好是什么?
　 B: 打棒球。你呢?
　 A: 我的爱好是踢足球。

2) A: 你喜欢做什么?
　 B: 弹钢琴。

　 A: 你喜欢做什么?
　 B: 游泳。

A: 你喜欢做什么?　　　　　　A: 你喜欢做什么?
B: 钓鱼。　　　　　　　　　　B: 跳舞。

A: 你喜欢做什么?　　　　　　A: 你喜欢做什么?
B: 练跆拳道。　　　　　　　　B: 打棒球。

A: 你喜欢做什么?　　　　　　A: 你喜欢做什么?
B: 唱歌。　　　　　　　　　　B: 下棋。

A: 你喜欢做什么?　　　　　　A: 你喜欢做什么?
B: 玩电脑游戏。　　　　　　　B: 踢足球。

3) A: 今天你做什么?　　　　　A: 今天你做什么?
　　B: 在家练跆拳道。　　　　　B: 在家弹钢琴。

　　A: 今天你做什么?　　　　　A: 今天你做什么?
　　B: 在家唱歌。　　　　　　　B: 在家下棋。

　　A: 今天你做什么?　　　　　A: 今天你做什么?
　　B: 在家玩电脑游戏。　　　　B: 在家拉手提琴。

　　A: 今天你做什么?　　　　　A: 今天你做什么?
　　B: 在家跳舞。　　　　　　　B: 在家读书。

2. 1) 你的爱好是什么?
　 2) 我的爱好是看电影。
　 3) 我的爱好是玩儿电脑游戏。
　 4) 你今天干什么了?
　 5) 我在图书馆读书了。
　　　(我在图书馆学习了。)

제13과　/173

1. 1) 我在喝咖啡呢。
      我在看电视呢。
      我在读书呢。
      我在听音乐呢。
      我在看足球赛呢。
      我在去机场呢。
      我在休息呢。
      我在聊天儿呢。

   2) 他们一边听音乐一边休息。
      他们一边看电影一边写作业。
      他们一边看电影一边吃爆米花 。
      他们一边喝茶一边聊天儿。
      他们一边走一边聊。

2. 1) 你在做什么? (你在干什么?)
   2) 我们一边喝咖啡一边聊天儿。
   3) 我在休息呢。
   4) 我在找资料呢。
   5) 我要写作业。

제14과　/186

1. 1) 请问, 去学校怎么走?
      请问, 去银行怎么走?
      请问, 去你家怎么走?
      请问, 去办公室怎么走?
      请问, 去公司怎么走?

   2) 你喜欢喝牛奶还是喝绿茶?
      你喜欢吃肉还是吃鱼?
      你喜欢弹钢琴还是拉手提琴?
      你喜欢滑雪还是游泳?

你喜欢打棒球还是打网球?

3) 先吃饭, 然后去邮局。
   先洗手, 然后吃饭。
   先看, 然后买。
   先坐车, 然后做飞机。

4) 吃几碗?
   喝几杯?
   写几课?

5) 要见朋友吗?
   要喝水吗?
   要吃饭吗?
   要弹钢琴吗?
   要游泳吗?

2. 1) 走几站?
   2) 你喜欢打棒球还是打网球?
   3) 请问, 去邮局怎么走?
   4) 不用了。
   5) 还是喝咖啡吧。

제15과   /199

1.
1)   A: 你喜欢什么运动?
     B: 我喜欢打棒球。
     A: 你打棒球打得怎么样?
     B: 我打得不错。你会不会打棒球?

     A: 你喜欢什么运动?
     B: 我喜欢练跆拳道。

A: 你练跆拳道练得怎么样?
B: 我练得不错。你会不会练跆拳道?

A: 你喜欢什么?
B: 我喜欢弹钢琴。
A: 你弹钢琴弹得怎么样?
B: 我弹得不错。你会不会弹钢琴?

A: 你喜欢什么?
B: 我喜欢拉手提琴。
A: 你拉手提琴拉得怎么样?
B: 我拉得不错。你会不会拉手提琴?

A: 你喜欢什么运动?
B: 我喜欢游泳。
A: 你游泳游得怎么样?
B: 我游得不错。你会不会游泳?

A: 你喜欢什么下棋 ?
B: 我喜欢下棋。
A: 你下棋下得怎么样?
B: 我下得不错。你会不会下棋 ?

A: 你喜欢什么?
B: 我喜欢跳舞。
A: 你跳舞跳得怎么样?
B: 我跳得不错。你会不会跳舞?

2. 1) 你喜欢什么运动?
   2) 你会不会游泳? (你会游泳吗?)
   3) 我喜欢打棒球。(我爱打棒球。)
   4) 你游泳游得怎么样? (你游泳游得好吗?)
   5) 你喜欢喝咖啡还是喝茶? (你爱喝咖啡还是喝茶?)

甜蜜蜜

邓丽君

甜蜜蜜，你笑得甜蜜蜜，

好象花儿开在春风里，开在春风里。

** 在哪里，在哪里见过你？

你的笑容这样熟悉，我一时想不起。

啊，在梦里，梦里，梦里见过你。

甜蜜，笑得多甜蜜，

是你，是你，梦见的就是你。

在哪里，在哪里见过你？

你的笑容这样熟悉，我一时想不起。

啊，在梦里。

朋友

周华建

这些年　　一个人　　风也过　　雨也走

有过泪　　有过错　　还记得　　坚持什么

真爱过　　才会懂　　会寂寞　　会回首

终有梦　　终有你　　在心中

** 朋友　　一生一起走

那些日子　　不再有

一句话　　一辈子　　一生情　　一杯酒

朋友　　不曾孤单过

一声朋友　　你会懂

还有伤　　还有痛　　还要走　　还有我。**

엄애경 ──────────────────────────────

▌약 력

  연세대학교 문학석사
  중국 중앙민족대학 민족사연구소 박사
  현) 나사렛대학교 중국유학생센터 강사

▌주요논문 및 저서

  『한글 동이전』(1999)
  『중국인을 위한 한국어 문법』(2009)
  「팔기 생계조치에 관한 연구」 외 다수

기초를 탄탄히 다져주는
딩과과
중국어

초판인쇄 | 2010년 1월 20일
초판발행 | 2010년 1월 20일

지 은 이 | 엄애경
펴 낸 이 | 채종준
펴 낸 곳 | 한국학술정보㈜
주　　소 | 경기도 파주시 교하읍 문발리 파주출판문화정보산업단지 513-5
전　　화 | 031) 908-3181(대표)
팩　　스 | 031) 908-3189
홈페이지 | http://www.kstudy.com
E-mail | 출판사업부　publish@kstudy.com
등　　록 | 제일산-115호(2000. 6. 19)

ISBN　978-89-268-0736-1 93720 (Paper Book)
　　　　978-89-268-0737-8 98720 (e-Book)

이담 Books 는 한국학술정보(주)의 지식실용서 브랜드입니다.